Дух,
Душа и
Тяло II

Историята за духовния свят, разкрит в пространството!

Дух, Душа и Тяло II

Д-р Джейрок Лий

Дух, Душа и Тяло II от д-р Джейрок Лий
Издадена от Urim Books (Representative: Kyungtae Noh)
73, Шиндейбанг-донг 22, Донгджак-гу, Сеул Ю. Корея
www.urimbooks.com

Всички права запазени. Тази книга или части от нея не могат да бъдат възпроизвеждани в никаква форма, не могат да бъдат записвани във възпроизвеждаща система или предавани чрез електронни, механични, копирни или други видове средства без предварително писмено разрешение на издателя.

Освен ако не е посочено другояче, всички цитати от Библията са взети от Светата Библия – Нова Американска Библия ®, Copyright © 1960, 1962, 1963, 1968, 1971, 1972, 1973, 1975, 1977, 1995 Фондация Локман. Използвани с разрешение.

Запазени права © 2017 от Д-р Джейрок Лий
ISBN: 979-11-263-0244-4 04230
ISBN: 979-11-263-0217-8 (set)
Преводачески права © 2013 от Д-р Естер Куянг Чанг. Използвани с разрешение.

Предишно издание на корейски език от Юрим букс, 2010 г.

Първо издание – март 2017 г.

Редакция Д-р Джюмсан Вин
Дизайн – Издателска къща Юрим букс
За повече информация: urimbook@hotmail.com

Предговор

От времето, когато приех Исус Христос и започнах да чета Библията, започнах да се моля за по-доброто разбиране на Божието сърце. Бог ми отговори след седем години безчетни молитви и периоди на пости. След като открих църквата, Той ми обясни множество трудни части от Библията с вдъхновението на Светия дух, който представлява част от подробното съдържание на „Дух, Душа и Тяло." Това е тайнствената история, която ни позволява да открием произхода на хората и ни помага да разберем себе си. Това е описанието, което не можах да прочета никъде другаде и радостта ми е неописуема.

Получих множество признания и отговори от Корея и от чужбина догато предавах посланията за духа, душата и тялото. Много хора казваха, че са осъзнали себе си, че са разбрали какви създания са, че са получили отговори на множество трудни части от Библията и са разбрали начините за постигане на истински живот. Някои от тези хора споделят, че целта им сега е да станат хора на духа, да участват в божествената природа на Бога и се опитват да го постигнат, както е записано в 2 Петрово 1:4: *„Чрез които се подариха скъпоценните ни и твърде големи обещания, за да станете чрез тях участници в божественото естество, като сте избягали от произлязлото от похотта разложение в света."*

„Изкуството на войната" от Сун Дзъ гласи, че никога няма да загубите нито една битка ако познавате себе си и врага си. Посланията от „Дух, Душа и Тяло" хвърлят светлина върху най-дълбоката същност на нашето „аз" и ни учат за произхода на хората. Ние също ще бъдем способни да разбираме всички хора след като добре научим и разберем посланието. Ще научим начините за побеждаване на силите на тъмнината, които ни възпрепятстват, за да водим успешен християнски живот.

Част 2 на Дух, Душа и Тяло по-специално ще обясни за произхода на Създателя Бог, за обширното духовно пространство и за пространството на светлината, където ще обитава духът ни. Има няколко цветни снимки, които ще Ви помогнат да разберете по-добре формата на Бога и на пространството. Можем да преодолеем човешките ограничения за използване на Божието пространство и дори да видим формата на Бога, след като разберем тайните на пространствата и станем хора на съвършен дух. Ето защо Исус казал в Йоан 14:12: „*Истина, истина ви казвам, който вярва в Мене, делата, които върша Аз, и той ще ги върши; защото Аз отивам при Отца.*" Бих искал да благодаря на директора Гюмсан Вайн, както и на целия персонал на издателското бюро. Надявам се чрез тази книга читателите да добият качествата за влизане в пространството на светлината и да изпитат удивителните пространства на Бога.

Март 2010,
Джейрок Лий

Започвайки второто пътешествие на Дух, Душа и Тяло

„А сам Бог на мира да ви освети напълно;
и дано се запазят непокътнати духа, душата и тялото ви без порок,
до пришествието на нашия Господ Исус Христос"
(1 Солунци 5:23).

Кибер пространството в днешно време е отворено за всеки, който има достъп до интернет, но хората го използват в различна степен според своите умения и познания за компютрите. По подобен начин, можем да разберем удивителните чудеса в Библията и да изпитаме такива дела на Бога в ежедневния ни живот според степента, в която разбираме Божието пространство.

Библията ни представя много събития, от които можем да разберем Божиите пространства. Небесните врати се отворили и Стефан видял Сина на Хората да седи от дясната страна на Бога, когато умрял мъченически чрез убиване с камъни (Деяния 7:56). Това било възможно, защото Бог отворил пространството на четвъртото небе. Петър бил хвърлен в затвора докато проповядвал евангелието, но го освободили с помощта на ангелите. Апостол Павел имал подобно изживяване, когато го вкарали в затвора във Филипи. Бог отворил пространството на третото небе, за да изпрати могъщ ангел, който премахнал веригите и отворил вратите.

Ще бъдем способни да използваме пространството на Бога на тази земя и нищо няма да е невъзможно след като култивираме сърцето на съвършен дух. Освен това, ще се радваме на вечен живот и на благословиите в Новия Ерусалим в бъдеще. Хората, които все още не са получили съвършен дух, трябва да отговорят на изискванията за правдата, за да използват Божието пространство. Тази книга е изпълнена с историите, които са разпространени в безкрайното пространство на духа.

Настоящата книга помага на читателите да направят следното:

1. Тя им помага да разберат любовта на Бога, който разделил пространствата, измеренията, светлината и тъмнината в Неговото провидение за човешката култивация и за получаването на истински деца. Ще се ползваме с правото да бъдем деца на светлината и ще отидем в красивото пространство на светлината, когато приемем Исус Христос и действаме с вяра.

2. Небето е в пространството на светлината. То е категоризирано в множество места за обитаване от Рая до Новия Ерусалим. Ще живеем на небето в съвършени небесни тела. Ще се радваме на вечния живот на небето, което е изпълнено с щастие и с радост и това е Божият дар за нас.

3. Божията сила може да ни направи истински деца на Бога по Негово подобие. Чрез Божията сила можем да отидем в красивото пространство на светлината и да изпитаме чудни и могъщи дела извън човешките ограничения на тази земя.

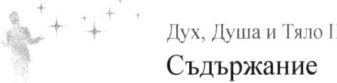

Дух, Душа и Тяло II
Съдържание

Предговор

Започвайки второто пътешествие на Дух, Душа и Тяло

Част 1 Обширно пространство на духовното царство

| Глава 1 | Тъмнина и светлина | 2 |
| Глава 2 | Изисквания за влизане в пространството на Светлината | 40 |

Част 2 Дух, Душа и Тяло в духовното пространство

| Глава 1 | Различни обиталища | 62 |
| Глава 2 | Дух, Душа и Тяло в духовното пространство | 84 |

  1. Духовна форма
  2. Душа и Тяло, принадлежащи на Духа
  3. Божият дар

Част 3 Преминаване отвъд границите на човешките възможности

| Глава 1 | Божието пространство | 140 |
| Глава 2 | Божият образ | 176 |

Дух, Душа и Тяло I
Съдържание

Част 1 Формиране на плътта

Глава 1 Понятие за плътта
Глава 2 Творението
Глава 3 Хората във физическото пространство

Част 2 Формиране на душата
(действие на душата във физическото пространство)

Глава 1 Формиране на душата
Глава 2 Собственото аз
Глава 3 Неща на плътта
Глава 4 Над равнището на живия дух

Част 3 Възстановяване на духа

Глава 1 Дух и съвършен дух
Глава 2 Оригиналният план на Бог
Глава 3 Истинско човешко същество
Глава 4 Духовно царство

Дух, Душа и Тяло II

Част 1

Обширно пространство на духовното царство

Какво се случило на небето преди Творението?
Как били образувани пространствата на светлината и на тъмнината?

„И известието, което чухме от Него и възвестяваме на вас,
е това, че Бог е светлина, и в Него няма никаква тъмнина."
- 1 Йоаново 1:5

„Който язди на небесата на небесата,
които са от века; Ето, издава гласа Си, мощния Си глас."
- Псалми 68:33

Глава 1
Тъмнина и светлина

В духовния свят също има пространства на светлината и на тъмнината, както в нашия видим свят. Каква е причината Бог да позволи съществуването на пространството на тъмнината и кой е неговият управител?

Обширно духовно пространство и първоначалният Бог

Бог планирал човешката култивация

Първоначалният Бог станал триединен

Бог създал ангели и херувими

Потушеният бунт на Луцифер

Божието провидение за разделянето на Светлината и Тъмнината

Случвало ли се е понякога в детството ви да заспите, докато преброявате звездите в небето? Вярвам, че повечето от вас имат подобен спомен. Има голям брой звезди, които можем да видим с очите си, но безкрайно много от тях не могат да се видят. Колко е голяма тази вселена?

Дори и с развитието на науката, хората не са способни да изчислят точния размер на вселената, защото тя е безкрайно обширно пространство. Планетите като Земята образуват слънчевата система, а множество слънчеви системи и други небесни тела образуват галактика. Галактиките от своя страна формират група галактики, а няколко групи галактики образуват микрокосмос. Микрокосмосите съставят великата вселена.

Размерът на слънчевата система в нашата галактика изглежда едва като малка точка. Тази галактика е също като малка точка в сравнение с размера на цялата вселена. Физическата вселена не може да бъде измерена с най-модерните научни уреди, но тя също заема много малка част в сравнение с духовното пространство.

В допълнение към физическата вселена, която виждаме, има духовно пространство, което се простира безкрайно в друго измерение. Библията споменава за различен брой „небеса."

Второзаконие 10:14 гласи: *„Ето, небето на небесата, земята и всичко що е на нея принадлежи на Господа твоя Бог,"* и Неемия 9:6 гласи: *„Ти си Господ, само Ти; Ти си направил небето, небето на небесата, и цялото им множество, земята и всичко що е на нея, моретата и всичко що е в тях, и Ти оживотворяваш всичко това; и на Тебе се кланят небесните войнства."*

Как започнали да съществуват много небеса и какво се случило в тях преди създаването на света? Нека се върнем назад във времето преди създаването на този свят и преди да започнат да съществуват вселената и галактиката, които познаваме. Вселената тогава не била същата, каквато е нашата вселена в днешно време. Тя представлявала само едно огромно пространство без да има разделение между физическото и духовното царство.

Обширно духовно пространство и началният Бог

Обширното духовно пространство се отнася до първоначалната вселена като цяло. Това било пространството, което първоначалният Бог създал преди вековете. Тук „първоначалният Бог" се отнася за Бога, който съществувал като светлина и глас преди творението. Първоначалната вселена се отнася до вселената, в която Бог съществувал сам.

Какъв бил първоначалният вид на Бога? Представете си красиви светлини, изпълващи безкрайното обширно пространство, които се усилват и се носят като вълни. Както гласи 1 Йоаново 1:5: *„Бог е светлина"*, Бог се простирал в цялата първоначална вселена под формата на такива красиви и блестящи светлини.

Сиянията помагат да разберем формата на първоначалния Бог. Сиянията се виждат в небесата в близост до полярните области. Те обикновено имат красиви червени, сини, жълти, светло-зелени или розови цветове. Твърди се, че светлините на сиянията са толкова красиви, че този, който ги е видял, никога не може да забрави красотата им.

Римляни 1:20 гласи: *„Понеже от създанието на света това, което е невидимо у Него, сиреч вечната Му сила и божественост, се вижда ясно, разбираемо чрез творенията; така щото, човеците остават без извинение."* Бог създал такива светлини като сиянията, за да можем да разберем първоначалния Му вид, когато се чудим как е изглеждал в началото.

Началният Бог притежавал ясен и чист, величествен глас в светлините, които се носили като вълни. Чували ли сте подобните на шепот звуци, които придружават нежния бриз?

Може да чуете нежния звук на вълните във вятъра, идващ от морето. Звукът излизал от самата начална светлина подобно на начина, по който се носи с вятъра. Както звукът се носи от вятъра, първоначалният глас се разнасял заедно с началните светлини в цялата вселена и в същото време я обгръщал.

Въпреки това, никога няма да можете да забравите Божия глас ако веднъж го чуете. Аз го чух няколко пъти и той беше величествен, чист и ясен. Той е внушителен и съвършен. Гласът на Бога в действителност е много ясен и чист, сладък и в същото време така величествен, че е способен да звънти в цялата вселена.

Йоан 1:1 гласи: *„В началото бе Словото; и Словото беше у Бога; и Словото бе Бог."* Словото, което било в началото е първичният глас, който се чувал от първоначалната светлина. Бог е изразен като „Слово" в горепосочения стих, което е по-скоро същността, а не формата на Бога, който е светлина. Словото е „съдържанието" и „Бог" е наименованието на съдържанието. Ето защо, същността на Бог е „Слово" и Неговото съществуване било под формата на светлини и глас, който изпълвал цялата вселена.

Бог планирал човешката култивация

В определен момент на безкрайния поток от време Бог, който съществувал сам, планирал „човешката култивация":

„Какво щеше да бъде ако имаше същество,

което да знае за тази обширна вселена и Моето сърце и да споделя любов с Мен? Какво щеше да бъде ако можеше да разбере и да приеме сърцето Ми и чувствата, които споделям с него и в замяна да Ми даде сърцето си? Какво щастие и радост би Ми донесло това!"

Бог искал друго същество, с което да може да общува и да споделя всичко във вселената. В частност, Бог искал същество, с което да сподели любовта Си. Той направил плана за „човешката култивация" с желанието да започне ново дело за получаването на Неговите истински деца.

Кое мислите, че било първото, което Бог направил според плана за човешката култивация? Бог отначало съществувал като светлина, която се простирала в цялата вселена, но се обединил на върха на духовното царство и добил формата на светлината. С Неговото обединяване в една светлина се образували различни измерения на „небето." Тук „небето" е синоним на пространството във вселената. В началото имало само една първоначална вселена, но с обединяването и събирането на началния Бог в една светлина, във вселената били създадени различни пространства. Така е, защото със събирането и концентрирането на светлините, които се простирали във вселената, на върха на духовното царство, се образували различни пространства според блясъка на светлината.

В миналото светлината имала еднакъв блясък навсякъде в първоначалната вселена, но след това върхът на духовното царство блестял най-силно. Например, една зала ще бъде еднакво осветена навсякъде ако в нея светят 10,000 крушки, поставени равномерно. Какво ще се случи ако в центъра на залата поставите една лампа, която свети толкова силно, колкото 10,000 лампи? Светлината ще бъде по-силна с приближаване към централната част и по-слаба с отдалечаването от центъра. По подобен начин, когато началната светлина станала плътна, били създадени различни пространства според различията на светлината в пространството.

Първоначалната светлина е духовна светлина и тъй като блясъкът на светлината се променял, плътността на духовната природа също се променял. Когато първоначалната светлина се сгъстила в една плътна светлина, блясъкът на светлината и плътността на духа се намалили, тъй като се увеличило разстоянието от източника. Ето защо, първоначалната вселена, която съществувала като едно пространство, била категоризирана в четири различни вселени според блясъка на светлината и плътността на духа. Бог ги нарекъл Първото, Второто, Третото и Четвъртото небе.

Мястото, където първоначалният Бог образувал една светлина, е много специално и принадлежи на Четвъртото небе. Ето защо, светлината е най-силна на Четвъртото небе, както и гъстотата на духа. Третото небе има по-слаба светлина и по-малка плътност на духа от тези на Четвъртото небе, какъвто е и случаят с Второто небе. Духовното царство се състои от Второто до Четвъртото небе. Първото небе е физическата вселена, която виждаме с очите си. Това е вселена, където природата на духа била почти изцяло иззета, когато Бог се събрал в една светлина и така е изпълнен с природата на плътта вместо на духа.

Ако разделите едно пространство на четири части във физическия свят, всяка част ще бъде по-малка от първоначалната, но това не е така в духовното пространство, защото в него няма ограничения. Когато обширната безкрайна вселена се разделила на четири части, те станали четири обширни безкрайни вселени. Следователно, въпреки че първоначалната вселена била разделена на четири небеса, няма граница към всяко небе. Не само Второто, Третото и Четвъртото небе, но и Първото небе, което е физически свят, също няма граница.

Бог позволил да има различни небеса според тяхното предназначение. Първо, Бог отделил Първото небе, за да представлява сцена за човешката култивация. Второто небе било подготвено като пространство за духовете на тъмнината, които са необходими за човешката култивация. То било също и за Адам, който бил създаден като жив дух. Третото небе било отделено, за да изгради небесното царство, където щяла да отиде добрата пшеница, получена от човешката култивация. Накрая, Четвъртото небе е пространството за Триединния Бог. То е в същото измерение като вселената, която представлявала едно първоначално място.

Отначало четирите небеса на първоначалната вселена нямали никакво съдържание, но това не означава, че били съвсем празни. В първоначалната вселена имало безброй звезди. Нашата Земя, слънчевата система и нашата галактика, все още не били направени в първото небе. Небесното царство все още не било направено в Третото небе. То било само подходящо място за изграждане на небесното царство. След разделяне на пространствата, Бог започнал да ги изпълва с Неговите дела на творението.

Първоначалният Бог станал Триединство

След като станал една светлина, Бог разделил Себе Си на три светлини. Разделянето на светлината на три светлини не означава, че една крушка е разделена на три части. Това е по-скоро създаването на още две идентични светлини от първоначалната единствена светлина. Трите части на първоначалната светлина не са отделни или различни, а са същите като първоначалната.

Първоначалната светлина съществувала като една, а другите две светлини били новосъздадени. След като станали три светлини, те добили духовна форма, подобна на тази на човека и започнали да съществуват като Бог Баща, Бог Син и Бог Светия дух. След като първоначалният Бог се разделил на Триединен Бог, всеки един от Триединството приел свое духовно тяло, което не се отличавало много от останалите.

Духовете в духовните тела излезли от същия първоначален Бог, затова човек може да каже, че Тримата в Единство имат едно и също сърце, мисли, сила и мъдрост.

Ето защо говорим за Бог Бащата, Бог Сина и Бог Светия дух като Триединство. Триединният Бог първо създал нещата, необходими за мястото, където обитавал. Бог не се нуждаел от обиталище, когато съществувал сам като светлина, в която проникнал гласът, но вече имал форма и се нуждаел от място за обитаване.

В Четвъртото небе Триединният Бог може да избере дали да има или да няма форма. На Четвъртото небе Той може да променя формата Си, както иска и там има обиталище, защото понякога добива форма. На Третото небе Бог винаги има форма. Там се намира също и небесното царство и Той създал обиталище за Себе Си. Бог започнал да създава също духовни същества, които да Му служат.

Бог създал ангели и херувими

Има два вида духовни същества, които Бог създал; те са ангелите и херувимите. Ангелът има почти човешка форма, с изключение на крилата му (Откровение 14:6). Хората и ангелите били създадени по подобие на Бога (Марко 16:5). Разликата е, че ангелите наподобяват само външно Бога, докато хората наподобяват външния вид и сърцето на Бога.

Какъв бил размерът на ангелите? Някои ангели са подобни на хората, но има също много малки и огромни ангели. Формата и качествата им зависят от тяхната роля.

Например, ще бъде по-подходящ ангел от мъжки род, за да играе ролята на генерал от армията. Женските ангели ще бъдат по-подходящи за танцуване и за пеене. Разбира се, това не означава, че няма мъжки ангели, които да танцуват. Така, както има мъже танцьори на този свят, които изпълняват определени роли, има и ангели, подобни на мъжете. Тяхното съществуване като мъжки или женски ангели на външен вид или по характер не означава, че имат род. Това означава само, че техният вид и поведението им се възприемат като мъжки или женски.

Ангелите служат на Бога и изпълняват своите задължения според Божията заповед. Има много видове задължения и безкраен брой ангели.

> „И всичките ангели стояха около престола и около старците и четирите живи същества; и паднаха на лицето си пред престола, та се поклониха Богу, казвайки: Амин! благословение, слава и премъдрост, благодарение и почит, сила и могъщество на нашия Бог до вечни векове. Амин" (Откровение 7:11).

> „И видях друг силен ангел, който слизаше от небето, облечен в облак; на главата му имаше дъга, лицето му беше като слънцето, и краката

му като огнени стълбове" (Откровение 10:1).

„Не са ли те всички служебни духове, изпращани да слугуват на ония, които ще наследят спасение?" (Евреи 1:14)

Някои ангели имат уникално задължение в духовното царство, а други служат на Божиите деца на земята. Броят на ангелите, определен за всеки вярващ, ще се различава според степента, в която всеки човек е осветен, за да стане човек на духа или на съвършен дух. Йерархията сред ангелите е установена и се спазва стриктно според духовната йерархия на техните владетели. Също така, има ангели, които са определени за всеки човек, независимо дали е вярващ или не. Те са ангелите, които записват всяка дума и всяко дело на хората, които живеят на земята.

Докато ангелите имат човешки облик, херувимите имат форми на различни животни. Херувимите, чието задължение е да придружават Бога, имат форми на различни животни като лъв, орел, крава или вол. Псалми 18:10 гласи: *„Възседна на херувим и летя; Летя на ветрени крила."*

Драконите, които хората считат за измислени животни, в действителност били херувими. Първият дракон, който Бог създал, бил толкова красив и прелестен, че приличал на домашен любимец на Бога. Той имал мека козина, ръце и крака и красотата на различните му цветове била неописуема.

Драконите ръководили херувимите и притежавали голяма сила и власт. Те имали голям брой пратеници под техен контрол.

Сред херувимите са „четирите живи същества", които изглеждат като плътна маса от стомана с тъмен цвят. Четирите живи същества причиняват бедствия и наказания с Божията заповед и представят величието и властта на Бога. Имат една глава с четири лица, които представляват лице на човек, на лъв, на теле и на орел. Изглеждат сякаш четири човека стоят обърнати с гръб към вътрешната част и гледат навън. В централната част има пламък, който се издига и спуска. Цялото им тяло е изпълнено с очи и виждат всичко.

Когато Бог създал ангелите и херувимите, Той не им дал свободна воля като на хората, а спазвали Божията заповед, получена според йерархията им. Дори и днес Бог управлява над цялата вселена чрез тези ангели и херувими.

Духовното царство е добре организирано и систематизирано.

Библията споменава също за небесни домакини и архангели. Лука 2:13 гласи: *„И внезапно заедно с ангела се намери множество небесно войнство, което хвалеше Бога."* Небесният докамин е небесната армия.

Също така, 1 Солунци 4:16 гласи: *„Понеже сам Господ ще слезе от небето с повелителен вик, при глас на архангел и при Божия тръба; и мъртвите в Христа ще* *възкръснат по-напред"*; Наличието на архангели говори за определен ред в света на ангелите.

Архангелите проследяват всичко, действайки като ръцете, краката, очите и ушите на Бога. Също така получават заповеди и се отчитат пряко на Бога. Под ръководството на управляващите архангели има безброй ангели помощници. Архангелите не ръководят всички ангели; има ангели отговорници, които ръководят определени групи от ангели. Заповедите се предават правилно в тази система и всички отчети са коректни. Въпреки че има множество стъпки, процесът се извършва мигновено.

Бог може да ръководи и да проследява всеки човек на тази земя докато е на трона Си, благодарение на дейността на ангелите. Разбира се, Бог е всемогъщ и може сам да вижда всичко. Въпреки това, ангелите докладват на Бога, каквото виждат и проверяват лично. По този начин те са не само докладчици, но и свидетели на своите доклади. Това хвърля повече светлина върху справедливостта на Бога, когато преценява нещо.

Такъв пример е наказанието, наложено на Содом и Гомор. Битие 19:1 гласи: *„Привечер дойдоха двама ангела в Содом"*; Бог изпратил Своите ангели да проверят още веднъж преди да накаже Содом и Гомор, но хората там показали голяма непокорност като се опитали да наранят дори и ангелите. В крайна сметка, Бог наказал Содом и Гомор с огън.

Едни от най-известните архангели са Габриел и Михаил. Габриел е пратеник, който се появява, за да предаде специално разкриване или думи на Бога. Той е едър и величествен и носи роба с големи ръкави, които могат да съдържат Божието разкритие. Така, както има символ пратеникът, който предава заповедта на царя, Габриел също носи роба, чиито мотиви са като царския печат.

Архангел Михаил е като ръководител на армията и в очите му има достойнство. Той носи доспехи и колан около кръста си, в който могат да се поставят различни видове оръжения. Да има оръжия в духовното царство означава, че Бог му е дал властта да участва в духовни битки. Различни видове символични оръжия ще бъдат използвани в зависимост от ожесточеността на битката.

Има също два огромни архангела с женски образи. Те притежават голяма сила и власт и обикновено не се усмихват. Появата им е придружена от велики Божии дела. Толкова са високи, че дори и да застанат на върха на висока сграда, може да видите само ръба на робите им. Не бихме могли да измерим височината им, защото духовното царство има съвсем различни критерии за измерване от физическия свят.

Трима архангели, които пряко принадлежат на Бога

В допълнение към тези многобройни ангели, Бог създал някои ангели, които да Му служат пряко под Неговия контрол. Това били тримата архангели, включително Луцифер, които имали положение и величие, подобно на другите архангели, но властта им била много специална.

Духовните същества нямали свободна воля и били способни единствено да се подчиняват безусловно на Бога, с изключение на онези трима архангели, които принадлежали пряко на Бога. Те получили човешки черти и свободна воля, каквито имали само хората. Бог ги създал така, че да притежават хуманност и да споделят любов с Него, въпреки че не могат да бъдат напълно като Божии деца, получени чрез човешката култивация. Бог им позволил да Му служат със сърцата си и да споделят чувства на радост и щастие с Него с тяхната свободна воля.

Тримата архангели имали женски вид и притежавали нежно, меко и добро сърце. Думите, които излизали от устните им, били изпълнени с добър аромат и се държали изящно. Всички те имали известни различия в характера си. Луцифер имала по-силен характер от останалите две. Тя отговаряла за музиката и доставяла удоволствие на Бога с красив глас и с музикални инструменти. Бог бил изключително доволен от нейната почит и много я обичал.

Бог веднъж ми показа Луцифер. Тя носеше голяма и прекрасна рокля, украсена с красиви скъпоценни камъни. Главата й беше украсена с бижута, които бяха в съвършена хармония с русата й коса и свиреше на прекрасен музикален инструмент. Благозвучният звук на скъпоценните камъни и звукът на хвалебствията се смесваха заедно и се разнасяха като полъха на вятъра. Звукът достигаше до Бога и беше прелестен.

Въпреки, че била толкова обичана от Бога и дълго време се радвала на голяма власт, в разума й започнала да се появява арогантност. Тя завидяла на Бога, когато видяла всички неща, които правил и голямата Му сила да управлява над цялото духовно царство. Арогантността завладяла разума й и решила, че можела да се справи по-добре от Него. Накрая направила план да се издигне по-високо от Бога и започнала да събира сили.

Луцифер имала голяма власт и първо започнала да събира ангелите под нейно ръководство на своя страна. С безчетен брой ангели, тя примамила драконите и много от херувимите под нейн контрол. Подлъгала ги, претендирайки, че извършвала тайна мисия за Бога.

Потушеният бунт на Луцифер

Бог познавал Луцифер и й дал възможност да се завърне. Той й обяснил последствията от бунта, за да разбере правилно реалността. Въпреки това, съзнанието на Луцифер вече било завладяно от арогантността и тя не се отказала. Луцифер се противопоставила на Бога и била победена. Тя била прогонена, заедно с духовните същества, които я следвали и била захвърлена в Бездната или така наречената „бездънна яма."

Исая 14:12-15 обяснява за бунта, за поражението на Луцифер и за крайния резултат:

„Как си паднал от небето, ти Деннице, сине на зората! Как си отсечен до земята, ти, който поваляше народите; А ти думаше в сърцето си: Ще възляза на небесата, Ще възвиша престола си над Божиите звезди, И ще седна на планината на събраните богове към най-крайните страни на север, Ще възляза над висотата на облаците, Ще бъда подобен на Всевишния. Обаче ти ще се снишиш до преизподнята, До най-долните дълбочини на рова."

В Библията пише също за ангелите, които следвали Луцифер. 2 Петрово 2:4 гласи: *„Защото, ако Бог не пощади и ангели, когато съгрешиха, но ги хвърли в мрака на най-дълбоките ровове, и ги предаде да бъдат вардени за съд"*; Юда 1:6 също гласи: *„И че ангели, които не опазиха своето достойнство, но напуснаха собственото си жилище, – Той ги държи под мрак във вечни връзки за съда на великия ден"*;

Битие 1:2 също разказва за това какво се случило в духовното царство преди създаването на този свят. То гласи: *„А земята беше пуста и неустроена; и тъмнина покриваше бездната; и Божият Дух се носеше над водата."* Този стих има, както духовно, така и физическо значение. Той разказва какво се случило в духовното царство, както и нещата, които се случили във физическия свят.

В духовен смисъл, изразът „земята беше неустроена" означава, че духовният ред временно бил нарушен заради бунта на Луцифер.

„Земята" символизира „Света на тъмнината, контролиран от Луцифер." Написано е, че земята била неустроена, тъй като Лицифер и съществата, които я следвали, нарушили установения от Бога ред. След това е записано, че земята била пуста. Това представя сърцето на Бога, след като бил предаден от Луцифер, която обичал толкова много.

Бунтът скоро бил потушен и злите сили били затворени в най-дълбоката част на Ада – Бездната. Това е описано с думите: „Тъмнина покриваше бездната." Бог възстановил отново реда и спокойствието като сложил силата на тъмнината в Бездната и това е обяснено в изречението: „Божият дух се носеше над водата."

Бог създал Земята в Първото небе

Условията не били като днешните при създаването на Земята. Имало сеизмична дейност, изригвания на вулкани и движения на земната кора и земните плочи. В атмосферата също протичали множество дейности.

Нестабилното състояние на Земята е представено с израза: „Земята била пуста и неустроена." Следващият стих гласи: „...и тъмнина покриваше бездната." Това означава, че когато Земята била създадена, в нашата галактика нямало слънце, луна и никакви други звезди и Земята била покрита от тъмнина. Бог положил всички усилия, когато изпълвал Земята с необходимите неща. Подобно на бащата, който грижовно изгражда и обзавежда къщата за своето семейство, Той създал цялата Земя и постигнал делото на творението Му.

Този процес е обяснен в израза: „Божият дух се носеше над водата." По това време, самият Бог слязъл долу на тази Земя и я прекосил цялата, за да види от какво се нуждае и как да постигне необходимите неща. Библията гласи, че Божият дух се носил над водата. Това означава, че цялата Земя по онова време била покрита с вода. Така, както зародишът расте в амниотичната течност на утробата, Земята дълго време била покрита с вода до шест-дневното творение.

Откъде дошла водата, която покривала цялата Земя? Това била водата на живота, която извирала от Божия трон. Бог направил водата на живота, когато създал обширното духовно царство и занесъл тази вода на Земята. Причината, заради която покрил Земята с водата на живота, била да създаде добра среда за всички живи същества, включително хората, където да живеят в бъдеще.

Не можем да намерим друга планета в слънчевата система, която да е така изпълнена с вода като Земята. В действителност, никъде не сме открили друга планета, в която да има достатъчно вода, за да поддържа живота. Това е, защото Бог донесъл тази вода на живота само на Земята и изградил основната среда, където живите твари да могат да продължат живота си.

Бог искал всички хора да получат вечен живот в Него, когато покрил Земята с водата на живота. Той искал всички човешки същества на Земята, да станат истински деца с чисти и ясни сърца като водата на живота.

Божието провидение в разделянето на Светлината и Тъмнината

Накрая Бог започнал първия ден на творението. Битие 1:3-4 гласи: „*И Бог каза: Да бъде светлина. И стана светлина. И Бог видя, че светлината беше добро; и Бог раздели светлината от тъмнината.*" Бог казал: „Да бъде светлина." Светлината тук се отнася за духовната светлина, която извира от Божия трон у има силата и божествеността на Бога. Бог покрил Земята с нея и установил основите на Земята, за да не бъде пуста и неустроена, а да я изгради по установен ред и система.

След това в Битие 1:4-5 е записано: „*И Бог видя, че светлината беше добро; и Бог раздели светлината от тъмнината. И Бог нарече светлината Ден, а тъмнината нарече Нощ. И стана вечер, и стана утро, ден първи.*" Съществуването на светлината обусловило основния ред и природните закони на Земята и по този начин, дори и когато нямало слънце или луна, тя била изграждана сякаш ги имало. С други думи, денят и нощта на Земята не били установени от слънцето и луната. Редът и законът за смяната на деня с нощта били установени от Бога и по-късно били създадени слънцето и луната, за да контролират деня и нощта.

Отделянето на деня от нощта има по-важно духовно значение от физическото разделение. Това означава, че в първия ден на творението Бог освободил Луцифер и някои от падналите ангели от Бездната и било образувано царството на злите духове. Бог осъзнавал нуждата от духовна светлина и тъмнина за човешката култивация, както всичко на Земята протича в зависимост от редуването на деня с нощта. Той планирал всичко още преди вековете и когато часът настъпил, предал властта на Луцифер, която Го предала, за да я направи управител на тъмнината.

Това не означава, че тя имала същата власт като Него, който е Господарят и Притежателят на просторната вселена. Той позволил нейните духовни същества и световният ред и система на злите духове само за целите на човешката култивация, за да може да се изпълни честно и справедливо. В действителност, Луцифер, управителката на тъмнината, някога принадлежала на светлината, но излязла от нея и се опорочила. Тя все още се намира под върховната власт и контрола на Бога.

Бог позволил пространството на тъмнината на Второто небе

Битие 1:6-8 гласи: *„И Бог каза: Да бъде простор посред*

водите, който да раздели вода от вода. И Бог направи
простора; и раздели водата, която беше под простора,
от водата, която беше над простора; и стана така. И
Бог нарече простора Небе. И стана вечер, и стана утро,
ден втори."

С водата на живота, която извирала от Божия трон, Бог стабилизирал Земята, която трябвало да бъде сцената на човешката култивация. След това създал простора. Просторът на Земята се отнася за създадената атмосфера. След това Бог разделил водата, която покривала Земята на вода под и над простора.

Водата под простора представлява водата, която останала на Земята. На третия ден на творението, водите се събрали на едно място, за да образуват океана и той станал източник за създаването на други водни тела като реките и езерата на Земята. Водата над простора била използвана за метеорологични феномени като формирането на облаците и валежите, но главното предназначение на тази вода било за Едемската градина.

Когато Библията казва „Простор", не става въпрос само за небето, което виждаме. В Битие 1 е написано, че всичко, което Бог създал за шестте дни на творението, било „добро", с изключение на втория ден. На втория ден, Бог не го определя като „добро." Причината за това е, че на втория ден Бог позволил създаването на пространството на тъмнината за злите духове на второто небе, които получили „силата на въздуха" и по-късно послужили за изпълнението на процеса на човешката култивация.

Ефесяни 2:2 гласи: „*В които сте ходили някога според вървежа на тоя свят, по княза на въздушната власт, на духа, който сега действува в синовете на непокорството.*" Това ни говори, че пространството на тъмнината, където живее духът е „въздухът." Това е пространството, което е в съседство и на изток от Едемската градина. Там е мястото, където злите духове ще живеят до завършването на човешката култивация.

Разбира се, Едемската градина се намира също на второто небе, както и пространството за Седем-годишното сватбено тържество, което ще се проведе след извършването на човешката култивация. Бог не казал, че било „добро" на вторя ден, защото било образувано пространството на тъмнината, където щели да властват злите духове.

Светът на злите духове

Преди да стане управителка на тъмнината, Луцифер видяла и научила много неща докато се намирала близо до Бащата Бог. Тя видяла как Бог управлявал над просторното духовно пространство чрез ангелите и херувимите и заимствала Божиите методи, когато създала света на злите духове. Тя установила два пътя за предаване на заповеди и за управляване на света на тъмнината. Единият се състоял от драконите и техните ангели, а другият от Сатаната и от дяволите.

Отначало, Луцифер дала на драконите практическа власт, подобна на тази на генералите от армията и организирала ангелите под тяхно ръководство, за да им съдействат. Четиримата дракони, които притежават „властта на въздуха" контролират хората на тъмнината, за да получат възхвалата им. Драконите проникват в местата на идолопоклонството и хората в последствие ги боготворят.

Луцифер контролира всичко „зад колисите" докато действа чрез Сатаната. Сатаната контролира човешките мисли на неистината, които имат същите мисли и сърце като Луцифер. Сатаната не притежава плътна форма, а се явява като тъмен дим. Поради тази причина онези, които получат действията на Сатаната имат нещо като тъмен облак около лицето си. При някои хора, тъмният дим обвива цялото им тяло от главата до петите.

Дяволските дела са тези, които подбуждат хората, за да прилагат на практика мислите на неистината. Някои от падналите ангели били освободени и действали като дяволи. Дяволът прави противоположното на това, което правят ангелите, носейки изцяло черно облекло.

Демонът накрая покорява човека, който до такава степен е подбуден от него и извършва лоши неща, че отдава дори сърцето си. Демоните са зли духове, но не са духовни същества, направени от Бога като ангелите. Някога били човешки същества, които живяли на тази земя. Някои хора, които умират без да бъдат спасени, в специални случаи излизат на този свят и действат като инструменти на злите духове.

Светът на злите духове бил изграден от Луцифер като техен водач и те смущават делата на Бога. Усилията им са насочени към това да поведат, колкото се може повече души по пътя на Ада. Причината, заради която Бог дал на Луцифер и на злите сили силата на тъмнината била, за да получи истински деца с човешката култивация. Децата са онези, които живеят в Светлината и истината и наподобяват Бога. Те вярват в Бога, спасителят Исус Христос и обичат и се подчиняват на Бога по собствено желание.

Светът на злите духове може да се сравни с обогатителите на почвата, с които земеделците наторяват полето. Химическите торове съдържат токсични елементи, които са вредни за хората при поглъщане, но помагат за получаването на по-богата реколта. По подобен начин, чрез действията на Луцифер и на злите духове, които се противопоставят на Бога и водят Божиите деца към извършването на грехове, започваме да разбираме колко отвратителна е тъмнината и колко ценна е Светлината. Тогава все повече започваме да копнеем за Светлината и да желаем да станем нейни деца. Ето защо, Луцифер и злите духове помагат за човешката култивация на Бога.

Бог дал на хората възможността сами да избират между светлината и тъмнината чрез свободната воля. Бог живее в светлината и затова е естествено хората, които Го обичат, да искат да бъдат в Светлината и по-близко до Него. Това е процесът, чрез който Бог постига истински деца и процесът на човешката култивация. Бог е истинската Светлина и онези, които се откажат от тъмнината и влязат в Светлината, започват да Му приличат. Това са хората, за които можем да кажем, че са истински деца на Бога. Те ще живеят с Господ завинаги в пространството на Светлината и ще се радват постоянно на щастието и величието, отдадени им от Бога.

Областите на Светлината и на Тъмнината съжителстват на Второто Небе

Пространството на светлината е управлявано от Бога. То включва Едем на Второто небе, Третото небе, в което се намира небесното царство и Четвъртото небе, където е първоначалното място на Бога.

Областта на светлината и областта на тъмнината съществуват заедно на Второто небе. Както е обяснено по-нагоре, Бог разделил светлината от тъмнината в първия ден на творението. Луцифер и злите духове били освободени на първия ден и започнали да съществуват в областта на тъмнината на Второто небе от втория ден на творението. Бог им позволил да останат в тази област на тъмнината на Второто небе по време на човешката култивация.

Какви пространства има в областта на светлината на

Второто небе?

Едно от тях е пространството за Седем годишното тържество, подготвено от Бога. На това тържество в бъдеще ще присъстват спасените души, които са плодовете на човешката култивация. 1 Солунци 4:17 гласи: *„После ние, които сме останали живи, ще бъдем грабнати заедно с тях в облаците да посрещнем Господа във въздуха; и така ще бъдем всякога с Господа."* „Въздухът" в този стих е пространството в областта на светлината на Второто небе.

Другата област в областта на светлината е Едемската градина. Много хора мислят, че градината била на Земята и затова някои от тях я търсили в Израел и в други части на Средния Изток, но досега никой не е намерил следи от Едемската градина. Така е, защото Едемската градина не била изградена на Земята, а на Второто небе, което се намира в духовното царство.

Бог създал първия човек Адам на Земята и по-късно го повел в Едемската градина, защото бил направен от земна пръст, но не бил физическо създание. Битие 2:7 гласи: *„И Господ Бог създаде човека от пръст из земята, и вдъхна в ноздрите му жизнено дихание; и човекът стана жива душа."* Адам станал живо същество, жив дух заради дъха на живота от Бога. Физическото пространство не било подходящо за него, защото бил духовно същество. По-подходяща била Едемската градина, която представлявала духовно място, разположено на Второто небе.

Едемската градина представлява духовен свят, но е различна от небесното царство на Третото небе. Това е духовен свят, но можем да видим и да докоснем неговите обитатели ако слязат на тази Земя,. Обкръжението в Едемската градина е подобно на това на Земята, но растенията и животните никога не умират и не загиват, защото това е духовно царство. То е напълно непорочно и чисто и естествената среда е запазена в оригинален вид. Обширността на тази област надхвърля способностите на въображението ни. Адам бил жив дух и затова, в допълнение към Земята, Бог направил за него Едемската градина на Второто небе.

Третото и Четвъртото небе

Третото небе е мястото, където е разположено небесното царство. В него се намира Божият трон и там ще живеят вечно Божиите деца, които са спасени чрез Исус Христос. Апостол Павел бил поведен към Третото небе и видял Рая. Освен това, в Откровение 21, апостол Йоан обяснил подробно за града на Новия Ерусалим. Виждаме, че небесното царство не е като едно открито пространство, а има множество различни места.

Първо, Раят, който видял апостол Павел, е обиталището за онези вярващи, които слабо вярват, че ще получат спасение (Лука 23:42-43). Хората с по-голяма вяра ще отидат на Първото небесно царство, а онези, които вярват още повече, ще отидат на Второто небесно царство.

Хората, които са отхвърлили всички форми на злото и са станали свети, ще отидат на Третото небесно царство. Хората, които не само са отхвърлили всяко зло, но са постигнали вярата да задоволят Бога, а именно онези, които са постигнали съвършен дух, ще отидат в града Нов Ерусалим, където е разположен Божият трон. Сред различните места на третото небе, Нов Ерусалим е градът, който свети най-силно. Блясъкът намалява с отдалечаването от града. Най-малко свети Раят, но въпреки това, Първото небе, в което живеем ние, не може да се сравнява с него. То е още по-блестящо и по-красиво дори от Райската градина на второто небе.

Четвъртото небе е мястото, където Бог съществувал сам в началото. Това е мястото, предназначено изключително за Триединния Бог. Мястото, където първоначалният Бог се концентрирал в една светлина, се намира на Четвъртото небе. То е в същото измерение като това на първоначалната вселена. На Първото, Второто и Третото небе има различни потоци от време. На Четвъртото небе можем да видим, че времето едва съществува и няма ограничения, установени от времето. Освен това, Бог може да направи всичко, което поиска и това означава, че там няма ограничение в пространството.

Никой не може да влезе в това пространство по собствено желание, освен Триединният Бог. Само двойка архангели и много специални хора сред онези, които са в Нов Ерусалим, могат да отидат в това пространство с Божието разрешение. Никой не може дори да се доближи до това пространство без Божието позволение, а ако го направи, неговият дух ще изчезне и ще се разпръсне като дим.

Дотук разгледахме обширното духовно пространство. Бог разделил първоначалното единно пространство на Първо, Второ, Трето и Четвърто небе като част от Неговия план да получи истински деца. Така, както има пространства на „небето", има пространства, които принадлежат на „земята." Това са Горният Гроб, Долният Гроб, Адът и Бездната.

Горен и долен гроб

Бог нарича „небе" мястото, което принадлежи на Него и „земя" – мястото, което принадлежи на врага дявол и Сатаната, но има и изключение и това е Горният гроб.

Хората, които са спасени, ще останат в Горния гроб в продължение на три дни, преди да отидат в мястото за изчакване в Рая. Горният гроб принадлежи повече на „земята", отколкото на „небето" в духовното царство, но това не означава, че принадлежи на тъмнината. Горният гроб също е област на светлината, която принадлежи на Бога и на врага-дявол и Сатаната не може да влезе в нея. Тя е ясно разграничена от Долния гроб, който е под контрола на силата на тъмнината. Горният гроб е област на истината и на светлината.

Причината, заради която се казва, че принадлежи на

„земята" е, че не е по-добра дори от Едемската градина, която се намира на второто небе. Поради тази причина, когато Библията споменава онези, които са спасени, отивайки в Горния гроб, тя казва, че те отиват „долу", а не „горе."

Битие 37:35 гласи: *„И всичките му синове, и всичките му дъщери станаха, за да го утешават; но той не искаше да се утеши, защото казваше: С жалеене ще сляза при сина си в гроба. И баща му го оплакваше."* „Гробът" тук не се отнася за Долния гроб за хората, които не са спасени, а за Горния гроб за онези, които са спасени.

Също така, 1 Царе 28:12-13 гласи: *„И когато жената видя Самуила, извика със силен глас; и жената говори на Саула и рече: Защо ме измами? Ти си Саул. И рече й царят: Не бой се; но ти какво видя? И жената каза на Саула: Видях един бог който възлизаше из земята."* Това е сцената, в която жената, която била ясновидка, се изненадала, когато видяла мъртвия Самуил. Самуил бил в Горния гроб и затова се казва, че излязъл от земята.

Разбира се, това не означава, че жената в действителност повикала духа на Самуил. Магьосниците или ясновидците не притежават силата да общуват с Бога или да извикат мъртъв дух. Те могат само да се свържат с областта на тъмнината и да повикат демоните.

Това представлявал изключителен случай. Бог специално извел Самуил, който се намирал в Горния гроб, за да научи Божията воля. Саул вече бил изоставен от Бога заради неподчинението си, но Бог бил особено благосклонен към него, защото все още бил царят на Израел. Бог знаел, че Самуил се молил с опечаление и сълзи за Саул, за да се откаже от пороците и неподчинението, когато бил жив.

Самуил се намирал в Горния гроб, защото това се случило преди Исус да поеме кръста. Едва след като Исус умрял и възкръснал, Той взел душите в Горния гроб в чакалнята в Рая. Преди възкресението на Исус, спасените души стояли в Горния гроб с Авраам, бащата на вярата, който отговарял за това място. Ето защо в Библията пише, че спасените души отиват в „лоното на Авраам." Лука 16:22 гласи: *„Умря сиромахът; и ангелите го занесоха в Авраамовото лоно. Умря и богаташът и бе погребан."*

Библията не прави ясно разграничение между Горния и Долния гроб и в нея просто е записано, че хората слизат долу в Шеол или в така нареченото Чистилище. В притчата за богатия мъж и за бедни Лазар Исус говорил за различните места за онези, които са спасени и които не са. Лазар бил спасен и отишъл в лоното на Авраам, по-конкретно в Горния гроб, а той се различавал от Долния гроб, където отишли богатите хора. Двете места са разделени от голяма пропаст и те не могат да я пресекат, за да се срещнат. Когато обясняваме духовното царство спрямо небето и земята казваме, че Горният гроб принадлежи на земята, той със сигурност се намира в областта на светлината, която принадлежи на Бога.

В Ада се намират езерата от огън и сяра

Освен Долния гроб, в областта на тъмнината се намират езерата на огъня и на горящата сяра. Хората, които не са спасени, след своята смърт страдат в Долния гроб и след това отиват в огненото езеро или в езерото с горяща сяра след деня на Големия съд. Отсъждането се извършва справедливо чрез Книгата на Живота, която съдържа имената на спасените и чрез други книги, в които са записани делата на всички хора.

Откровение 20:12-15 обяснява как се провежда отсъждането:

> *„Видях и мъртвите големи и малки, стоящи пред престола; и едни книги се разгънаха; разгъна се и друга книга, която е книгата на живота; и мъртвите бидоха съдени според делата си по написаното в книгите. И морето предаде мъртвите, които бяха в него; и смъртта и адът предадоха мъртвите, които бяха в тях; и те бидоха съдени всеки според делата си. И смъртта и адът бидоха хвърлени в огненото езеро. Това – присъдата за в огненото езеро е втората смърт. И ако някой не се намери записан в книгата на живота, той биде хвърлен в огненото езеро."*

„Мъртвите" представляват хората, които не са приели

Исус Христос или хората с мъртва вяра. Те ще застанат пред Божия трон, за да бъдат съдени и ще се отворят книги. Освен Книгата на Живота, в която са записани имената на спасените хора, има други книги, които описват всички и всяко едно дело на мъртвите, които не са спасени. Не само делата на хората, но и всичките им мисли и това, което са съхранили в сърцата и в съзнанието си от своето раждане са записани от ангелите. Хората, които не са спасени, ще бъдат съдени според степента на греховете им, записани в книгите и ще получат вечно наказание.

„Морето" се отнася до мястото на човешката култивация, което е този свят. Следователно, изразът „морето предаде мъртвите" означава, че те са били култивирани на този свят. Също така, това означава, че светът ще предаде техните мъртви, физически тела за осъждане. Когато хората умират без да получат спасение, духовете им ще бъдат ограничени в Долния гроб докато телата им се превръщат в шепа пръст на тази земя. В деня на окончателния съд, духовете, които се намират в Долния гроб, ще заемат телата, подходящи за съда.

Освен това е записано: „И смъртта и адът предадоха мъртвите, които бяха в тях." Това означава, че онези, които са в Долния гроб и съдбата им е да страдат във вечна смърт заради греховете им, ще се изправят пред Бога, за да бъдат съдени. Те получават различни видове наказания в Долния гроб докато се проведе Съдът на Великия бял трон, като разкъсването от насекоми и животни или измъчването от пратениците на ада.

След великия съд те попадат в огненото езеро или в езерото с горяща сяра (Откровение 21:8). Страданията в огненото езеро са несравнимо по-мъчителни от мъките, причинени в Долния гроб. Те ще страдат и ще бъдат изгаряни в огъня, където *„червеят им не умира, и огънят не угасва"* (Марко 9:47-49). Езерото с огнена сяра е мястото за онези, които са извършили тежки грехове като богохулство срещу Светия дух и подриване на делата на Светия дух. То е седем пъти по-горещо от огненото езеро.

Бездната

Най-дълбоката част от областта на тъмнината е Бездната, където отиват злите духове. Спасените деца на Бога ще имат седем-годишно сватбено тържество след завръщането на Господ във въздуха. През същия период от време, тази земя ще преживее период на страдания. Злите духове, които били във въздуха, ще слязат долу и ще вземат властта. Светът ще бъде унищожен от Третата Световна Война и ще се случат големи трагедии и ад на Земята. След приключването на Седем-годишните големи страдания, злите духове ще бъдат ограничени в Бездната и на тази Земя ще започне Хилядолетното царство.

Божиите деца, които завършат Седем-годишното сватбено тържество във въздуха, ще слязат на тази Земя с Господ и ще царуват с Него в продължение на хиляда години

(Откровение 20:4). Земята, която е унищожена от Седемгодишните страдания, дотогава ще бъде изцяло подновена с прекрасна природа. Към края на хилядолетното царство, злите духове ще бъдат освободени още веднъж за малко с Божието провидение, но те отново ще бъдат ограничени в Бездната след съда на Великия бял трон.

Луцифер и нейните пратеници контролирали Долния гроб преди съда на Великия бял трон, но след това Долният гроб и Адът ще бъдат ръководени само от Бога. Злите духове ще бъдат захвърлени като отпадък в Бездната, която е тъмна и студена. Ще бъдат ограничени така, че изобщо да не се движат, сякаш са притиснати от огромна скала. Падналите ангели ще бъдат захвърлени със свалени крила като символ на проклятието и позора.

Изхвърлянето може да не звучи толкова ужасно като мъките и страданията в Ада, но не е така. Така, както налягането нараства, колкото по-дълбоко влизаме във водата, силата на плътта ще стане по-голяма ако навлизате по-дълбоко в Ада. Бездната е най-дълбоката част на Ада и цялата плътска енергия ще бъде съсредоточена на това място. Много по-ужасно и мъчително наказание е да отидеш в Бездната, отколкото да бъдеш измъчван от пратениците на ада в Долния гроб или да страдаш от болки в огненото езеро или в езерото с горяща сяра.

Представете си, че сте затворени в нещо, подобно на голям бетонен блок и не може изобщо да се движите. В съзнание сте, но не можете нито да дишате, нито да мигате с очи. Вие сте жива вкаменелост. В това състояние, трябва да понасяте различни видове болки, силата на отчаянието и напрежението, което ви тласка надолу сякаш ще се пръснете.

Бог много обичал Луцифер, преди да съгреши, но тя ще попадне под това вечно проклятие в резултат на своето противопоставяне на Бога. Бог не наказал Луцифер веднага след като съгрешила. Тя била също обикновено създание и Бог можел да я унищожи веднага, но не го направил и имало причина за това.

Причината за това е да станем истински Божий деца, благодарение на съществуването на Луцифер, управителката на тъмнината в процеса на човешката култивация. Можем да се превърнем в деца на светлината, които наподобяват Бога като сме бдителни и се молим, докато врагът дявол дебне наоколо като ревящ лъв, за да намери кого да погълне. Бог иска да сподели вечно щастие с Неговите деца на светлината в Новия Ерусалим, който е пространство на светлината. Какви са условията, за да влезем в пространството на светлината?

Глава 2
Изисквания за влизане в пространството на Светлината

Светлината и тъмнината не могат да съществуват съвместно.
За да отидем в пространството на светлината трябва
да разрешим проблема с тъмнината.
Колкото повече се доближаваме до Бога,
който е Светлина и притежаваме сърцето на Исус Христос,
на по-ярко място на светлината ще отидем.

Бог желае деца на светлината

Бъдете добри със сърце на духа

Получете плода на праведността с вяра

Получете плода на истинността с дела

Плодовете на светлината ни водят към пространството на светлината

Хората трябва да отидат в пространството на светлината или в пространството на тъмнината, когато завърши животът им на тази Земя. Тъй като духът на хората е неугасим, те трябва да отидат на Небето или в Ада.

По този въпрос, в Евреи 9:27 е записано: *„И тъй като е определено на човеците веднъж да умрат, а след това настава съд,..."* Също така, Йоан 5:29 гласи: *„...и ще излязат; ония, които са вършили добро, ще възкръснат за живот, а които са вършили зло, ще възкръснат за осъждане."* Животът на тази земя не е последен. Следва живот, който е вечен и след завършване на физическия живот, има само две алтернативи. Те са да отидем на Небето или в Ада.

Богът на любовта иска всички да получат спасение и се радва на щастие в областта на светлината. 1 Петрово 2:9 гласи: *„Вие, обаче, сте избран род, царско свещенство, свет народ, люде, които Бог придоби, за да възвестява превъзходствата на Този, Който ви призова от тъмнината в Своята чудесна светлина."*

Нека проверим дали можем да отидем в Неговата прекрасна област на светлината като знатно духовенство.

Бог желае деца на светлината

Апостол Павел казал следното за Бога: *„Който сам притежава безсмъртие; обитавайки в непристъпна светлина; Когото никой човек не е видял, нито може да види; Комуто да бъде чест и вечна сила. Амин"* (1 Тимотей 6:16). Това означава, че Бог живее в светлината и е вечен и съвършен. 1 Йоаново 1:5 гласи: *„И известието, което чухме от Него и възвестяваме на вас, е това, че Бог е светлина, и в Него няма никаква тъмнина."*

В Яков 1:17 също е записано: *„...у Когото няма изменение, или сянка от промяна."* Бог самият е светлина и Той дори няма променлива сянка. Поради тази причина на много места в Библията е записано, че ние също трябва да станем хора на светлината, които наподобяват Бога.

1 Солунци 5:5 гласи: *„...Защото вие всички сте синове на светлината, синове на деня: не сме от нощта, нито от тъмнината."* и Ефесяни 5:8-9 гласи: *„...Тъй като някога си бяхте тъмнина, а сега сте светлина в Господа, обхождайте се като чада на светлината; (защото плодът на светлината се състои във всичко що е благо, право и истинно)."* Матей 5:14-16 гласи също: *„Вие сте виделината на света. Град поставен на хълм не може да се укрие. И когато запалят светило, не го турят под*

шиника, а на светилника, и то свети на всички, които са в къщи. Също така нека свети вашата виделина пред човеците, за да виждат добрите ви дела, и да прославят вашия Отец, Който е на небесата."

Светлината и тъмнината не могат да съжителстват. За да отидем в пространството на светлината, трябва да разрешим проблема с тъмнината.

Коя е тъмнината, която трябва да отхвърлим, за да станем истински деца на светлината? Просто казано, тъмнината се отнася за всичко, което принадлежи на греха. Това са неща на плътта и дела на плътта, които са обяснени подробно в Първа част на Дух, Душа и Тяло.

Делата на плътта са грехове, извършени на дело, а нещата на плътта са грехове, извършени в съзнанието и в мислите. Например, злонамереност, алчност, порочност и завист – всички те са грехове според Римляни, глава 1. Също така, както е представено в Галатяни 5, такива са неморалността, нечистотата, чувствеността, идолопоклонството, магьосничеството, враждебността, конфликтността, ревността, изблиците на гняв, споровете, разногласията, разколите, завистта, пиянството и гуляйството са „дела на плътта."

Също така има неща, които привидно не принадлежат към тъмнината, но са греховни в очите на Бога. Така, както тъмнината не може да съществува пред светлината, порокът и злото, които принадлежат на тъмнината, ще бъдат разкрити, когато ги освети светлината на истината. С Божието слово, което е светлина, можем да осъзнаем тъмнината, която не сме били способни да разберем сами.

Например, Исус обяснил, че скоро щял да умре в Ерусалим и Петър се опитал да Го спре заради любовта си към Него. Тогава Исус го порицал с думите: *„Махни се зад Мене, Сатано!"* (Матей 16:23)

Петър мислил, че задължението му било да спре Исус, но това било тъмнина в очите на Бога. Божията воля за Исус била да бъде разпънат и да постигне пътя за спасението. С този упрек, Петър станал скромен апостол, който съживявал мъртвите и накарал хиляди хора да се покаят за един ден, след като получил Светия дух.

Както беше обяснено, човек трябва да излезе от света на тъмнината и да действа като дете на светлината, за да може да отиде в пространството на светлината. Нека разгледаме по-конкретно какво трябва да направим.

Придържайте се към Божията праведност с вяра

Първо трябва да се покаем за прегрешението, че не сме вярвали в Бога и да приемем Исус Христос, за да можем да отидем в пространството на светлината. Всеки, който получи опрощение на греховете си с вярата в Исус Христос, ще отговаря на изискванията, за да отиде в пространството на светлината. Римляни 3:22 гласи: *"...сиреч правдата от Бога, чрез вяра в Исуса Христа, за всички, които вярват; защото няма разлика."*

Също така, Йоан 14:6 гласи: *"Исус му казва: Аз съм пътят, и истината, и животът; никой не дохожда при Отца, освен чрез Мене."* Римляни 10:9 гласи: *"...Защото, ако изповядаш с устата си, че Исус е Господ, и повярваш със сърцето си, че Бог Го е възкресил от мъртвите ще се спасиш."*

Ние вярваме в провидението за кръста и в силата на възкресението ако приемем с устните си Исус за Господ и вярваме от сърце, че Бог Го е възкресил от мъртвите. По-конкретно, вярваме, че Исус умрял на кръста вместо нас, които като грешници сме били предопределени да получим вечно наказание заради прегрешенията и Той пролял Своята ценна кръв, за да ни изкупи от греховете.

Ще признаем всичките ни грехове и ще решим да живеем в светлината с благодарност към Господ, който страдал за нас, ако истински вярваме в този свят. Бог отмива греховете на такива хора с кръвта на Господ и им дава подаръка на Светия дух. Бог ги признава са Свои деца и изписва името им в Книгата на живота (Откровение 20:15, 21:27). По този начин можем да се радваме на вечен живот на Небето, което е пространство на Светлината, когато признаем, че не сме живяли според Божието слово, когато се откажем от греховете и вървим в светлината.

Да бъдете близо до Бога, който е Светлина

1 Йоаново 1:6-7 гласи: *"Ако речем, че имаме общение с Него, а ходим в тъмнината, лъжем и не действуваме според истината. Но ако ходим в светлината, както е Той в светлината, имаме общение един с друг, и кръвта на Сина Му Исуса ни очиства от всеки грях."* След като приемем Исус Христос и получим подаръка на Светия дух, трябва да научим и да прилагаме Божието слово, което е истината, за да бъдем считани като дете, което е близко до Бога.

1 Йоаново 2:3 гласи: *"И по това сме уверени, че Го познаваме, ако пазим заповедите Му."* и 1 Йоаново 3:23 гласи: *"И Неговата заповед е това: да вярваме в името на Сина Му Исуса Христа, и да любим един другиго, както ни е заповядал."*

Трябва да отхвърлим не само греховете, извършени на дело, но и злото в сърцата ни в подчинение на Божиите думи, които ни казват какво не трябва да правим и да отхвърлим. Също така, старателно трябва да спазваме Божието слово, което ни казва да се радваме, да благодарим, да обичаме, да бъдем смирени, да служим на другите и да спазваме десетте заповеди. Само по този начин можем да култивираме сърцето на Господ с Божията благословия и сила и с помощта на Светия дух.

Нашето място за обитаване на небето ще зависи от степента, в която постигнем освещение и според това каква светлина излъчваме, когато сме станали духовно добри хора чрез близостта ни с Бога, който е Светлината. Следователно, дори и да сме получили спасение и да отговаряме на изискванията, за да отидем в пространството на светлината, трябва винаги да се стремим към небесното царство докато постигнем крайната цел, която е градът Нов Ерусалим.

Има определени критерии, според които можем да определим в каква степен сме станали деца на Светлината. Те са: духовна любов, която е в 1 Коринтяни 13; деветте плода на Светия дух в Галатяни 5; Блаженствата в Матей 5 и плодовете на Светлината в Ефесяни 5. Нека сега да разгледаме изискванията за навлизане в пространството на Светлината и да се съсредоточим върху нейните плодове.

Бъдете добри с духовно сърце

Ефесяни 5:9 гласи: *„Защото плодът на светлината се състои във всичко що е благо, право и истинно."*

Добрината означава да имаме красиво сърце, в което няма греховност, а само качества на добрината. Помагате на хората, които са в нужда; не причинявате зло на другите; спазвате Божието слово и давате най-доброто от себе си във всичко, което ви е възложено, защото знаете за Създателя Бог, както знаем за милосърдието на нашите родители.

На този свят хората казват, че сте добри ако не отговаряте

на злото със зло, а го понасяте. Можете ли наистина да бъдете считани за добри, ако все още изпитвате неудобство или омраза в съзнанието си? Добрината на хората и добрината на Бога са много различни. Първото ниво на добрината, което Бог признава, не е да отговаряме с лошо на зло, а изобщо да не изпитваме негативни чувства.

Такъв бил случаят с Йосиф, съпругът на Дева Мария. Матей 1:19 гласи: *„А мъжът ѝ Йосиф, понеже беше праведен, а пък не искаше да я изложи, намисли да я напусне тайно."* Колко ли зле се е чувствал Йосиф, когато открил, че неговата годеница Мария била бременна, без да спи с нея? Хората в тези случаи много се измъчват или имат разправии. Йосиф не изпитвал лоши чувства и просто искал да я остави спокойно.

Второто ниво на добрината е, когато някой е злонамерен с нас, но ние не само не изпитваме лоши чувства, но сме способни да променим позицията му с добри думи и дела. Врагът дявол и Сатаната не могат да направят нищо с такъв човек, който е постигнал това равнище на добрина.

Въпреки, че нямал вина, Давид дълго време бил преследван от Цар Саул докато един ден имал прекрасна възможност да го убие. Давид участвал в битки и извоювал победи за страната, но Саул дори не му благодарил и му завидял. Той го преследвал с армията си и се опитал да го убие.

Саул влязъл в пещерата, където се криел Давид. Давид

можел да го убие, но отрязал само полата на мантията му. По-късно, когато Саул напуснал пещерата, Давид го повикал и казал: *„Виж още, отче мой, виж и полата на мантията ти в ръката ми; и от това, че отрязах полата на мантията ти, но не те убих, познай и виж, че няма ни злоба, ни престъпление в ръката ми, и че не съм съгрешил против тебе, при все че ти гониш живота ми, за да го отнемеш"* (1 Царе 24:11).

Давид повикал Саул, който го гонил, за да го убие; извикал „отче мой" и наистина се смирил, наистина искал да утеши сърцето му, казвайки, че е като кучето и бълхата и че нямал никакво намерение да го убие. Саул бил лош, но се разчувствал и се разплакал когато чул тази изповед, която идвала от добро сърце. 1 Царе 24:16-17 гласи: *„И като изговори Давид тия думи на Саула, рече Саул: Това твоят глас ли е, чадо мое Давиде? И Саул плака с висок глас и рече на Давида: Ти си по-праведен от мене, защото ти ми въздаде добро, а аз ти въздадох зло."*

Той се трогнал и се прибрал вкъщи. Сатаната не може да действа повече и дори злите хора ще се трогнат, ако отвърнем на злото с добрина, а не с лошо. Разбира се, Сатаната бил много лош и злината по-късно се появила отново, но поне в този момент тъмнината изчезнала чрез светлината на добрината на Давид и Саул се отказал.

Има и по-високо равнище на добрината от това да разчувстваме другите. Това е да обичаме дори враговете си и да отдадем живота си дори за онези, които са лоши с нас. Това е добрината на Бог, който изпратил Своя единствен любим Син и това е добрината на Исус Христос. Той е Святият Син на Бога, който дал живота Си за човечеството.

Можем да почувстваме това равнище на добрината чрез Моисей и Павел. Бог бил на път да унищожи всички израелтяни заради греховете им и Моисей се молил за спасението им дори и това да означавало името му да бъде изтрито от Книгата на живота (Изход 32:32). Апостол Павел казал: *„Защото бих желал сам аз да съм отлъчен от Христа, заради моите братя, моите по плът роднини"* (Римляни 9:3).

Стефан умрял мъченически, след като го убили с камъни докато проповядвал евангелието. Той не изпитвал омраза въпреки, че нямал вина, за да го убият. Вместо това викал на Бога на висок глас: *„Господи, не им считай тоя грях!"* (Деяния 7:60)

В днешно време хората мислят, че ако си честен или мил с другите, може само да претърпиш загуби и да бъдеш считан за глупав. Бог Самият е добрина и ни закриля с пламенните Си очи, с огнените стени на Светия дух и небесните домакини и ангели, когато следваме добрината. Така изчезват проверките и изпитанията и дори и да дойдат, ние ги преминаваме с добрина. Това ни носи повече благословии и успех във всичко.

Разбира се, понякога трябва да жертваме себе си и да положим всички усилия, за да следваме добрината, но добрите хора не намират това за трудно и на тях им носи по-скоро радост да бъдат добри. Духовната сила означава да нямаме грехове и нашата духовна светлина ще стане по-силна според степента, в която отхвърлим злото и развиваме добрина. Лошото не може дори да ни докосне заради светлината ни, когато постигнем равнището на добрината, което Бог признава и ще бъдем способни да унищожим плановете на врага дявол и на Сатаната (1 Йоаново 5:18).

Получете плодовете на Праведността с Вяра

Вторият от плодовете на Светлината е Праведността. Най-общо, праведността означава да действаме за правдата през целия си живот без да търсим собствената облага. Праведността в истината означава да отхвърлим греховете, да спазваме десетте заповеди от Библията, да търсим Божието царство и Неговата праведност според волята Му. Данаил е един от най-добрите примери за притежаването на голяма праведност.

Данаил произлизал от благородно семейство от рода на Юда. Той бил взет в пленничество през 605 преди Христа, когато южното царство на Юда било завзето от цар Навуходоносор от Вавилон. Когато Вавилон набирал талантливи хора от други родове, Данаил бил избран заедно с неговите трима приятели и работил като дългогодишен високопоставен служител на Вавилон. Въпреки че бил пленник, той заемал висока длъжност във Вавилон и също така бил признат като истински пророк на Бога. Причината е, че разчитал изцяло на Бога и запазил вярата си.

Когато за първи път се изправил пред царя на Вавилон, той бил млад мъж. Трябвало да бъде обучаван в продължение на три години и да приема храната, избрана от царя. Страхувал се, че тя можела да съдържа забранени от Бога продукти и не искал да я вземе. В действителност нямал голям избор като пленник, но въпреки това не я искал и отказал това, което Бог не обичал.

За да запазят вярата си в Бога и за да не се осквернят, той помолил надзирателя да разреши на него и на тримата му приятели да се хранят само със зеленчуци вместо с храната, избрана от царя. Той предложил да се храни само със зеленчуци и вода в продължение на десет дни като изпитание. След десет дни надзирателят го сравнил с други млади мъже и видял, че неговият вид и видът на тримата му приятели бил по-добър от този на другите мъже.

Бог видял вярата им и им дал удивителни благословии. Данаил 1:17 гласи: *„А на тия четири юноша Бог даде знание и разум във всяко учение и мъдрост; и Даниил можеше да проумява всички видения и сънувания."* Стих 20 гласи: *„И във всяко дело, което изискваше мъдрост и проумяване, за което царят ги попита, намери ги десет пъти по-добри от всичките врачове и вражари, които бяха в цялото му царство."*

Вавилон бил унищожен от Медия и Персия в 539 преди Христа по време на царството на цар Балтазар, синът на цар Навуходоносор. Мястото на Вавилон заела нова нация, Персийската империя. Цар Дариус от Персия искал да назначи Данаил за управител, за да ръководи цялата страна, защото Данаил притежавал изключителен дух. Данаил бил пленник, но дори и когато нациите и царете се сменили, той все още бил най-облагодетелстван.

Други управители и водачи ревнували от него и търсили начин да го обвинят (Данаил 6:4-5). Не могли да намерят никакви недостатъци и предложили на царя да издаде заповед. Претендирайки, че са в подкрепа на царя, те казали, че ще хвърлят в клетката на лъва всеки, който се моли на друг бог или човек, различен от царя, в продължение на тридесет дни. Това бил капан, подготвен специално за Данаил, защото знаели, че той се молил три пъти на ден с лице, обърнато към Ерусалим и с отворени прозорци.

Данаил познавал ситуацията, но продължил да се моли три пъти на ден на колене (Данаил 6:10). Би могъл да се примири, за да запази авторитета и властта си или просто, за да избегне смъртта, но разчитал изцяло на Бога. Накрая бил хвърлен в клетката на лъва за нарушаване на заповедта, но не изпитвал никаква омраза към царя. Вместо това го благословил с думите: „О цар! Живей вечно!" Винаги бил праведен, независимо от трудността на ситуацията.

Нямал никакъв грях или прегрешение пред Бога и пред хората и поради тази причина врагът дявол и Сатаната не могли да му навредят с никакви планове. Бог изпратил Своя ангел да го закриля. Излязъл жив от клетката на лъва и възхвалявал Бога. Видът праведност, която Бог желае от нас, е да запазим вярата ни, да не се примиряваме дори и когато сме изправени пред смъртта и да следваме добрината в истината, независимо как се отнасят с нас другите.

Получете плода на истинността с дела

Третият плод на Светлината е Истинността, която трябва да бъде неизменна. Това е също чистотата, искреността и невинността без никаква фалшивост, хитрина или лукавство. Дори и старателно да вършите добри дела и да изповядвате вярата си, тя не може да бъде призната за истински плод на Светлината от Бога ако правите това, за да изпъквате пред другите. С други думи, Бог иска от вас истинско изповядване на вярата, истински дела и неизменна искреност, която идва от сърце.

В Битие 22, виждаме как Авраам спазил Божието слово, когато Бог му казал да пожертва своя единствен син Исаак в жертва на всеизгаряне. Рано сутринта той се уговорил с Исаак да отидат на посочената от Бога земя и изобщо не се поколебал. Нямал никакъв конфликт в съзнанието си докато разсъждавал. В момента, в който щял да принесе Исаак в жертва на всеизгаряне, Божият ангел му се явил и му казал да не докосва момчето. Бог казал, *"...защото сега зная, че ти се боиш от Бога"* (Битие 22:12).

Евреи 11:19 гласи: *"Като разсъди, че Бог може да възкресява и от мъртвите, – отгдето по един начин на възкресение го и получи назад."* Авраам създал своя син Исаак с Божията сила чрез Сара, която вече не била в детеродна възраст и вярвал, че Бог щял да съживи Исаак след принасянето му в жертва. Това събитие показва голямото доверие между Бог и Авраам.

Виждаме предаността на Авраам и в множество други сличаи. Когато пристигнал във Ветил с племенника си Лот, броят на добитъка бил толкова голям, че овчарите често се карали. Авраам отстъпил пред своя племенник с думите: *„Не е ли пред тебе цялата земя. Моля ти се, отдели се от мене; ти ако идеш наляво, то аз ще ида надясно; или ако ти идеш надясно, аз ще ида наляво"* (Битие 13:9).

Лот тръгнал към полето на Йордан, където имало достатъчно вода, търсейки собственото си благополучие и достигнал Содом. Градът Содом бил нападнат и много хора били взети в пленничество. Когато чул новините, Авраам повел хората си и върнал обратно Лот и хората от Содом. Царят на Содом му предложил съкровища, но той отказал да ги вземе (Битие 14:15-23).

Лот и двете му дъщери били спасени, благодарение на молитвите на Авраам, при унищожаването на Содом и Гомор от небесния огън (Битие 18). Също така, хетейците предложили на Аваам тяхната земя и пещерата Махпелах, когато закупил гробница за съпругата си Сара, но той ги платил на справедлива цена (Битие 23:16). Имал много деца от втората си съпруга и дал подаръци на всяко от тях докато все още бил жив, за да не се карат по-късно. Всичко това показва истинността на Авраам.

В Яков 2:23-24 е записано: *„Авраам повярва в Бога; и това му се вмени за правда; и се нарече Божий приятел. Виждате, че чрез дела се оправдава човек, а не само чрез вяра."* Бог самият е истинност и благословил Авраам за неговите дела на вярата. Авраам заживял близо до Божия трон в най-светлото място на светлината и бил приятел на Бога.

Плодът на Светлината ни ръководи към пространството на Светлината

Добрите дела трябва да съдържат праведност, която е праведността на Бога, за да бъдат считани за плодове на Светлината. Добрината и праведността не са достатъчни. В тях трябва да има истинност. Ето защо, можем да получим плодовете на Светлината само, когато имаме цялата добрина, праведност и истинност.

Трябва да преминем през процеса на излизане от тъмнината, за да влезем в светлината чрез порицание и да получим изцяло нейния плод. Както е записано в Ефесяни 5:11-13: *„И не участвувайте в безплодните дела на тъмнината, а по-добре ги изобличавайте; защото това, което скришом вършат непокорните, срамотно е и да се говори. А всичко, което се изобличава, става явно чрез светлината; понеже всяко нещо, което става явно е* *осветлено."*

Тук порицанието не означава само да порицаем погрешното дело. Това е порицание, с което да излезем от тъмнината и да влезем в светлината. Понякога, вместо да утешавам църковните членове, защото са в трудна ситуация заради греховете им, аз се стремя да разберат защо са изправени пред проверки или изпитания и ги порицавам затова, че не живеят в истината., Важно е да се порицаем според Божието слово, когато сме извършили нещо грешно, дори и никой да не ни упреква.

Бог ни обича и затова разкрива и изтъква всички наши грехове и тъмнината. Богът на любовта желае Неговите деца да живеят в съвършената светлина на Бога, да получат благословии на тази земя и в бъдеще да обитават на по-светло място във вечното небесно царство. Ето защо, трябва да отхвърлим всичко, което принадлежи на тъмнината и да култивираме освещение и съвършенство, за да можем да наподобяваме на Бога, който е Светлина (Матей 5:48; 1 Петрово 1:16).

От времето, когато срещнал Господ по пътя му за Дамаск, апостол Павел се подчинил на Христос и проповядвал евангелието на безкраен брой езичници. Той казал: *„Братя, с похвалата, с която се гордея за вас в Христа Исуса нашия Господ, аз всеки ден умирам"* (1 Коринтяни 15:31).

Ще се радваме на истински мир и ще получим обилни плодове на Светлината ако изцяло отхвърлим плътските мисли, които противоречат на Бога, ако ежедневно умираме в Господ и имаме само духовни мисли като: „Как мога да постигна Божието царство и Неговата праведност? Как мога изцяло да осветя сърцето си? Как мога да поведа повече души към Небето?"

Плодът на Светлината не се отнася само за цялата добрина, праведност и истинност, но за всички видове плодове, които получаваме чрез близостта ни с Бога и притежаването на сърцето на Исус Христос, което включва духовна любов, плодовете на Блаженствата и плода на Светия дух. Всички тези плодове трябва изцяло да се породят в нас, за да можем да отидем в Новия Ерусалим. Няма да отговаряме на изискванията да отидем в Новия Ерусалим ако някои плодове са узрели изцяло, а други не са. Надявам се всички вие старателно да прилагате Божието слово и да отговаряте на изискванията да отидете в най-светлата част от пространството на светлината.

Дух, Душа и Тяло II

Част 2

Дух, Душа и Тяло в духовното пространство

Критерии за категоризиране на небесните обиталища

Слава, отдадена в духовното пространство

„Ето, една тайна ви казвам: Не всички ще починем, но всички ще се изменим, в една минута, в миг на око, при последната тръба; защото тя ще затръби, и мъртвите ще възкръснат нетленни, и ние ще се изменим. Защото това тленното трябва да се облече в нетление, и това смъртното да се облече в безсмъртие."
- 1 Коринтяни 15:51-53

Глава 1
Различни обиталища

Ще получим различни небесни обиталища според степента,
в която наподобяваме Бога и спазваме волята Му.
Небесното царсто има различни места за обитаване.
Колкото по-добро е небесното обиталище,
толкова по-голяма чест и щастие ще изпитаме там.

Небето има множество обиталища

Небето изпитва насилие

Причината за категоризирането на небесните обиталища

Раят, място за обитаване за онези, които едвам са спасени

Новият Ерусалим, място за обитаване на хората със съвършен дух

Хората са склонни да повярват в нещо само ако могат да го видят и да го проверят със собствените си очи. Въпреки това, има много неща, които хората не могат в действителност да проверят с очите си. Например, ветровете и миришът на цветята са невидими, но съществуват. По същия начин има духовно царство, което се намира в по-високо измерение от нашия видим, физически цвят. Не е правилно да отричаме духовното царство, само защото е невидимо.

Небесното царство е разположено в Третото небе в просторното духовно пространство. Третото небе е безкрайното пространство на светлината и от Рая до Новия Ерусалим има различни места за обитаване. Всеки спасен човек ще получи небесно обиталище според степента, в която е постигнал святост и е спазвал Божията воля с вяра. На Небето ще получим различна слава в зависимост от степента, в която сме станали такива хора, каквито Бог желае в този живот.

Ето защо 1 Коринтяни 15:40-41 гласи: „*Има и небесни тела и земни тела, друга е, обаче, славата на небесните, а друга на земните. Друг е блясъкът на слънцето, друг блясъкът на луната и друг блясъкът на звездите; па и звезда от звезда се различава по блясъка."*

Индивидуалните величия на небето

Една от първородните природи на Бога е освещението. Библията често говори за освещение, защото Бог иска хората, които са създадени според Божия образ, да притежават светостта на Бога. Левит 20:26 казва: *"И бъдете свети на Мене; защото Аз, Иеова съм свет, и ви отделих от племената за да бъдете Мои."* 1 Петрово 1:16 гласи: *"Защото е писано: Бъдете свети, понеже Аз съм свет."*

Следователно, хората, които живеят според волята на святия Бог, са онези, които принадлежат на небето. Те ще се радват на небесната слава в небесното царство. От друга страна, хората, които живеят в грехове и пороци, което е в противоречие с Божията воля, са онези, които принадлежат на земята и в последствие, те ще отидат в Ада.

Хората, които принадлежат на земята, не са просто хората, които не приемат Исус Христос и не вярват в Бога. В Матей 7:21 е записано: *"Не всеки, който Ми казва: Господи! Господи! ще влезе в небесното царство, но който върши волята на Отца Ми, Който е на небесата."* Дори и да казват „Господи! Господи!" и да твърдят, че вярват в Него, те все още са сред онези, които принадлежат на земята ако не спазват Божията воля.

Какво трябва да направим, за да отидем на небесното царство и да се радваме на славата на слънцето като хора, които принадлежим на небето? В Евреи 12:4 откриваме, че по време на нашия живот на тази земя, трябва да се противопоставяме и да отхвърляме греховете „с цената на кръвта." По-нататък, в 1 Солунци 5:22 е записано, че трябва да постигнем святост като се освободим от всички форми на злото и се изпълним с Духа. Така, както се различават светлината на слънцето, светлината на луната и светлината на звездите, славата на хората, които принадлежат на небето също ще бъде различна.

Исая 60:1 гласи: *„Стани, свети, защото светлина дойде за тебе, И славата Господна те осия."* След като приемем Исус Христос, който дошъл като Светлината на света, започваме да излъчваме духовни светлини според степента, в която действаме според Божието слово. Като хора, които принадлежим на небето, трябва да издаваме светлина, силна като блясъка на слънцето по обяд, за да прогоним силата на тъмнината, да поведем душите по пътя на спасението и да възхваляваме Бога.

Небето има множество места за обитаване

Малко преди смъртта си Исус вечерял по време на Пасха със Своите ученици в горната стая на Марко. На последната вечеря, Той им напомнил за съществуването на небесното царство, за да имат надежда за него.

Исус казал в Йоан 14:2-3: *„В дома на Отца Ми има много обиталища; ако не беше така, Аз щях да ви кажа, защото отивам да ви приготвя място. И като отида и ви приготвя място, пак ще дойда и ще ви взема при Себе Си, тъй щото гдето съм Аз да бъдете и вие."*

Исус възкръснал на третия ден след като бил разпънат и се възнесъл на Небето пред очите на много хора. Той отишъл да подготви местата за обитаване на Небето, където Божийте деца ще живеят завинаги. Когато казал: *„В дома на Отца Ми има много обиталища",* Той изразил желанието всички хора да бъдат спасени (1 Тимотей 2:4).

Небето е духовно място, съществуващо дори преди Триединният Бог да създаде Земята. То е безкрайно пространство и неговата дълбочина, широчина, плътност и обем не могат да бъдат измерени с човешкия разум. В него се намира Божият трон, безброй духовни същества и домовете, където Божиите деца ще живеят завинаги. В центъра на небесното царство е Новият Ерусалим, който е най-величественото място за обитаване на Небето.

Духовните светлини, които се излъчват от Божия трон и реката с водата на живота правят Божийте деца по-щастливи и по-почитани. Бог дава на всеки от нас подходящо място за обитаване и ни награждава според това каква вяра сме имали и как сме възхвалявали Бога на тази земя.

Градът Нов Ерусалим е разположен в горната част на Третото небе, а „под" Новия Ерусалим се намират Третото,

Второто и Първото небесни царства и Раят. Това не означава, че те са наредени едно върху друго като етажите на сграда на тази земя. Всички небесни обиталища са хоризонтални и вертикални с различни височини.

Небето страда от насилие

Матей 11:12 гласи: *„А от дните на Йоана Кръстителя до сега небесното царство на сила се взема, и които се насилят го грабват."* Небето е красиво и мирно място. Защо е записано, че в него има насилие и насила го грабват?

Това означава, че хората с по-големи надежди за небесното царство ще водят прилежен живот с вяра, опитвайки се да влязат в града на Новия Ерусалим. Този прилежен живот се подразбира от израза „и които се насилят го грабват."

Защо трябва да бъдат насилници? Те са насилници срещу врага дявол и Сатаната, които подбуждат хората да съгрешават. Трябва да се борим с тъмнината и да я побеждаваме, за да можем да отидем на Небето. Вражеският Сатана подбужда греховните природи в хората, за да извършат грехове. Хората, които наистина се стремят към небесното царство, ще победят Сатаната с Божието слово. Можем да превземем насила Новия Ерусалим според степента, в която сме станали свети деца на Бога с Божието слово и молитвите (1 Тимотей 4:5). В 2 Коринтяни 12:1 четем как Павел отишъл в Рая, който се намира на Третото небе и научил големи тайни за небесното царство. От този момент нататък, започнал да води праведна битка докато станал мъченик. Той взел насила града на Новия Ерусалим, устремен към короната на праведността, която Бог подготвил за него.

Откровение 19:7-8 гласи: *„Нека се радваме и се веселим и нека отдадем Нему слава; защото дойде сватбата на Агнето, и Неговата жена се е приготвила. И на нея се позволи да се облече в светъл и чист висон; защото висонът е праведните дела на светиите."* В Откровение 22:14 също пише: *„Блажени, които изперат дрехите си, за да имат право да дойдат при дървото на живота, и да влязат през портите на града."*

Тук „дрехите" и „чист висон" се отнасят до сърцата и делата на хората. Можем да преминем през вратите и да влезем в свещения град, само ако пречистим сърцата и делата си. Използвано е „порти" в множествено число, защото има множество врати. За да можем да влезем в Новия Ерусалим, първо трябва да преминем през вратата на спасението и да отговаряме на изискванията, за да отидем в Рая. След това трябва да преминем през вратите на Първото, Второто и Третото небесно царство. На последно място, трябва да преминем през перлените порти на Новия Ерусалим.

Тази е причината, заради която е записано „порти" и от този стих е видно, че не всички, които са спасени ще получат същата слава на Небето. Трябва да бъдем много благодарни, че знаем за небесното царство и се стремим насила да получим по-добри места за обитаване.

Причината за различните видове обиталища на Небето

Хората, които са приели Исус Христос, но не са обрязали сърцето си и по този начин не са отхвърлили злото, имат много слаба духовна светлина. За разлика от тях, хората, които са отхвърлили всички форми на злото и са станали свети, имат много силна духовна светлина. Както беше отбелязано по-нагоре, всеки вярващ има различна яркост на неговата духовна светлина. Колкото повече вярващите спазват Божието слово и отхвърлят греховете, по-ярка и по-красива е светлината, която излиза от тях. Хората, които са станали напълно свети имат подобни ярки светлини, а онези, които не са, не могат дори да ги гледат директно.

Ако разсъждаваме трезво, лесно ще забележим, че е много трудно да общуват и да живеят заедно хората, които имат силна светлина и хората, които нямат. Дори и на тези земя, много по-лесно е за децата да общуват с деца, младежите с младежи и възрастните с възрастни. Децата и възрастните не могат да станат истински приятели, защото живеят в различни светове, имат съвсем различен интелект и коренно различен начин на мислене.

По подобен начин, хората със сходен блясък на духовна светлина ще обитават на едно и също място. Какво би станало ако всички живеят на едно и също място във вечното небесно царство? Хората, които са постигнали святост, ще разбират сърцата на ближните си и няма да имат неудобства, но хората, които не са святи, няма да могат да ги разбират. Поради тази причина, Бог създал няколко различни обиталища, за да могат да съжителстват лесно хората със сходна степен на духовна яркост.

Откровение 21:23 гласи: *„И градът нямаше нужда от слънце, нито от луна да го осветява, защото Божията слава го осветяваше, и неговото светило е Агнето."* Градът Нов Ерусалим е най-висшата форма на планираната от Бога култивация на хората сред различните небесни места за обитаване. Това е мястото, където Бог може да споделя завинаги любовта с Неговите деца. Бог подготвил Третото, Второто и Първото царство на Небето и Рая за онези, които не са постигнали изцяло сърца на истината и не отговарят на изискванията да влязат в Новия Ерусалим.

Нека сега да разгледаме по-подробно някои от характеристиките на всяко обиталище от Рая до града на Новия Ерусалим. Ще видим също какви хора отиват на всяко от тези места.

Раят, мястото за обитаване за онези, които едвам били спасени

Бог изпратил Исус на тази земя за нас, които сме вървяли

по пътя към смъртта заради прегрешенията. Исус ни изкупил за всичките грехове чрез Своето разпъване на кръста. Бог ни дарява със Светия дух ако вярваме, че Исус е единственият ни начин за спасение и Го приемаме като Личен Спасител. След като приемем Светия дух, нашият дух, който бил мъртъв заради греха на Адам, ще бъде съживен и ще получим правото да наричаме Бога наш „Баща." Това означава, че ставаме деца на Бога, нашите имена са записани в Книгата на Живота и ставаме обитатели на небесното царство.

Нашия мъртъв дух не може да расте след съживяването, ако не спазваме Божието слово и не отхвърлим греховете. Духът ни израства според степента, в която отхвърлим пороците. Можем да отидем в Новия Ерусалим само когато напълно сме възстановили загубения образ на Бога чрез пълното израстване на духа ни. Ще отидем в Рая, ако нашият дух не е израстнал, ако ние едвам получим спасение и вярата ни е голяма, колкото грахово зърно. Това е първото равнище на вярата, що се отнася до нейните различни величини. Първото равнище на вярата е равнището, с което получаваме срамно спасение.

Раят е място, изградено с Божията любов и състрадание. Бог е подготвил това място за хората, които са спасени, но не са достойни да бъдат наречени „Божий деца." Срамно е в известна степен да бъдат наречени Божий деца, но Бог не може да ги изпрати в Ада. В действителност, в Рая има място за повечето вярващи от всички други места за обитаване. Това място е дори по-голямо от вселената на Първото небе.

Хората от Рая ще бъдат благодарни и ще живеят щастливо завинаги само заради факта, че не са отишли в Ада, а са били спасени.

Въпреки че това е небесното обиталище от най-ниско равнище, на земята все още няма място, което би могло да се равнява с неговото великолепие и красота. На широката поляна, където има съвършена хармония от красиви цветя и зелени дървета, се разхождат различни животни и всички те изглеждат прекрасно.

Дърветата и цветята на тази земя ще увяхнат и ще загинат с течение на времето, но дърветата в Рая винаги са зелени и цветятата там никога не увяхват. Цветята ще се полюляват напред-назад, когато хората ги доближават или ще отварят и затварят своите цветчета, отдавайки уникални и прекрасни аромати сякаш ги приветстват. Има разнообразни видове плодове. Те са малко по-големи от земните и издават блестящо сияние. Хората могат да ги опитват директно от дървото, защото няма прах или насекоми.

Могат да седят на зелената трева и да водят приятелски разговори докато ядат плодовете. Те не са направили нищо за Божието царство по време на земния си живот, затова не получават никакви награди на Небето. Изключително щастливи са само от факта, че не изпитват скръб, болести, болка или смърт. В много изключителни случаи или събития, някои от тях могат да бъдат поканени на мероприятия, които се провеждат в Новия Ерусалим.

Светлината на хората в Рая е много различна от светлината на хората в Новия Ерусалим и затова обикновено изпитват голямо неудобство и не приемат поканата. Трябва да спазват специални инструкции и график, когато правят посещение. За тях е голяма радост да посетят величествения град Нов Ерусалим и да споделят това, което са видяли и изпитали след като се завърнат в Рая.

Не трябва да подценяваме щастието и красотата в Рая, само защото заема най-ниското равнище на Небето. Въпреки, че е място за хората, спасени със срам, красотата му все още не може да се сравнява с друго място на тази земя и там е по-красиво от Едемската градина, където живял Адам.

Първо Небесно царство

Първото Небесно Царство е по-красиво и по-щастливо място от Рая. Природата в него е по-прекрасна. Това е място за онези, които са приели Исус Христос, съживили са своите мъртви духове и са опитали да приложат на дело Божието слово, но не са го спазвали изцяло. По-конкретно, то е за хората, които са постигнали второто равнище на вярата в процеса на духовното им израстване.

В Първото Небесно царство те получават награди и дом според това, което са направили на земята. Къщите са като апартаментите на тази земя, но са изградени със злато и други скъпоценни камъни според вкуса на техните собственици. В сградите има асансьори, които се движат с Божията сила и ви отвеждат до искания от вас етаж, без да натискате бутона.

За онези, които отиват в Първото Небесно царство, ще бъде отдаден нетленен венц (1 Коринтяни 9:25). Това е като награда за участие. Тези хора познавали Божието слово, но не го спазвали на тази земя. Те знаели, че трябвало да отхвърлят греховете, но не отхвърлили много от тях. Въпреки това, Бог има в предвид усилията им да спазват Словото Му като своя вяра и ги награждава подобаващо.

В Първото Небесно царство има много красиви градини. Има също рекреационни средства като големи паркове с много дървета, увеселителни паркове, езера, места за разходка, плувни басейни, игрища за голф, тенис кортове и т.н. С изключение на индивидуалните жилища и венците, всичко друго е за обществено ползване. Подобно е ползването на паркове или спортни съоръжения в жилищните комплекси.

Няма лични ангели-управители, но хората навсякъде могат да се възползват от ръководството на ангелите. Това е основната разлика с Рая. Например, докато хората седят на една пейка, те могат да помолят ангела да им донесе малко плодове ако в този момент са им се прияли. В Рая трябва сами да вземат плодовете. Ето защо, има голяма разлика в начина на живот между онези, които са в Рая и онези, които се намират в Първото небесно царство. Хората, които се намират в Първото небесно царство, не завиждат на онези, които обитават по-високи равнища. Всички изпитват съвършено щастие и пълно удовлетворение на всяко място за обитаване.

Второ Небесно царство

Второто Небесно царство е дори по-светло и по-красиво от Първото. Сградите, изградени със скъпоценни камъни, са още по-красиви и по-прекрасни. Броят на различните видове растения и животни е по-разнообразен от броя на тези, които се намират в Рая и в Първото небесно царство. Дори същият вид растения или животни е много по-красив от онези в Първото небесно царство. Животните имат много по-голяма физическата изящност, по-голяма красота, по-пъстри цветове на перата и по-блестяща козина. Същото е с аромата и с цветовете на цветята.

Второто небесно царство е за онези, които са спазвали Божието слово на дело, но не са постигнали пълна святост и по-конкретно за онези, които имат третото равнище на вярата. Те отхвърлили всички грехове на дело, но не отстранили изцяло греховете, извършени в мислите и прегрешенията на сърцето.

Те ще получат едноетажна индивидуална къща с табелка на вратата. Тези къщи са много по-красиви и грандиозни от всеки мансион на земята. Друга обичайна награда освен къщата е венецът на славата. Те възхвалявали Бога в известна степен на тази земя и затова Бог им дава венец на славата (1

Петрово 5:4).

В допълнение към венеца и къщата, хората, които отиват във Второто небесно царство, могат да имат нещо лично, което най-много желаят. Ако искат да имат плувен басейн, могат да имат чудесен плувен басейн, изграден от прекрасни скъпоценни камъни. Ако искат езеро, могат да го имат. Ако искат бална зала, могат да имат една. Ако обичат да се разхождат, могат да имат алеи, по които да се разхождат, заобградени с цветя и растения и прекрасни животни, които минават около тях.

Има всякакви видове удобства, за да могат да посещават домовете на другите и заедно да ги използват. На Небето всеки служи на всеки и никой не отказва на никого да го/я посети вкъщи. Така са още по-щастливи, защото могат да споделят, каквото имат. Гостите също не търсят собствената изгода, затова са учтиви по време на посещението.

Хората във Второто Небесно царство не изпитват съжаление или завист към другите, само защото имат едно удобство. Вместо това са благодарни, че Бог им е дал такава голяма награда, която е много повече от това, което са направили на земята. Единственото нещо, за което мислят е, че не са осветили изцяло себе си по време на своя земен живот. Те са толкова разстроени от факта, че не са отхвърлили изцяло злото, че също не могат да се изправят лице в лице с Бога.

Третото Небесно царство

Разликата във величието между Второто и Третото Небесно царство е като разликата между небето и земята. Разликата произтича от това дали човек е постигнал святост. Хората, които се намират в Третото небесно царство, са постигнали четвъртото равнище на вярата. Те са постигнали святост и могат да имат всички удобства, които искат за награда. Могат да имат игрища за голф, плувни басейни и балии зали – тоест, могат да имат всичко, което искат и не се налага да използват удобствата в дома на някой друг.

Къщите имат по няколко етажа и са толкова големи и хубави, че дори милиардерите на тази земя не могат да ги имитират. Те имат обширни градини, изпълнени с ароматни цветя и дървета, които са прекрасно украсени. Риби от разностранни видове и цветове плуват в езерата, които излъчват блестящи ослепителни светлини. Разбира се, тези къщи са по-малки от къщите в Новия Ерусалим, що се отнася до техните размери, красота и величие. За сравнение, ако приемем, че размерът на най-малката къща в Новия Ерусалим е 100 единици, размерът на най-голямата къща в Третото небесно царство е само 60 единици. Това показва колко доволен е Бог от онези, които влизат в Новия Ерусалим.

Къщите в Третото небесно царство издават прелестен аромат и светлини в такава степен, че собствениците им приличат на Бога. И двете общи черти на къщите в Третото царство и в Новия Ерусалим са, че нямат табелки с имена.

Самите къщи издават уникален аромат и подобно на аврора сияние, което представлява собственика и всички знаят на кого е къщата без да има нужда от табелка. Така е, защото сред всички вярващи, които отиват на небесното царство, има сравнително малко, които отиват в Третото царство или в Новия Ерусалим.

Не са различни само къщите. Дори същите златни пътища са по-светли и по-ценни от онези във Второто небесно царство. Тъй като имат всички удобства, които поискат, в Третото царство се отдават и много ангели. Има много ангели-помощници, които управляват къщите и посетителите. До Второто небесно царство няма лични ангели, но в Третото царство на небето и в Новия Ерусалим има ангели за всички обитатели. Те имат също подобни на облаци автомобили за обществено ползване и могат да пътуват в безкрайното небесно царство, когато пожелаят.

Жителите на Третото небесно царство получават венец на живота. Това е основна награда за това че са издържали изпитанията като са отдали живота си за Господ (Яков 1:12). Животът на жителите от Третото небесно царство е много по-величествен в сравнение с живота на онези от Второто царство на небето. Въпреки това, дори и тези хора изпитват известно съжаление, когато видят Новия Ерусалим. Следователно, много е важно да удовлетворим Бога като сме предани в цялата къща на Бога и като култивираме святост в нея.

Новият Ерусалим, мястото на обитаване за хората със съвършен дух

Апостол Йоан говорил за величието на града Нов Ерусалим в Откровение 21:11, *„И имаше божествена слава като светеше, както свети някой много скъпоценен камък, като яспис, прозрачен като кристал."*

Целият град е заобграден от Божието величие. Светлините, които се излъчват от град Нов Ерусалим са толкова величествени и красиви, че няма да можем да сдържим възторга си ако ги видим. Това е толкова прелестно и прекрасно място, че не можем дори да си го представим. То се отдава на онези, които са постигнали съвършена святост; които са предани в Божия дом и които са следвали волята Му с разбиране за доброто сърце на Бога. По-конкретно, това е място за обитаване на онези хора със съвършен дух, които са достигнали петото равнище на вярата.

Градът е заобграден с високи стени, които излъчват блестящи светлини и това е граничната линия между Третото Небесно царство и града Нов Ерусалим. Размерите на града Нов Ерусалим са с еднаква широчина, височина и дължина. Всяка от тях е 12,000 стадии (Откровение 21:16). Стадият е единица за разстояние и 12,000 стадии са около 2,400 км.

Ако погледнете града Нов Ерусалим хоризонтално, тоест неговата дължина и широчина, площта на града представлява 58 пъти площта на Южна Корея. Това изчисляване на площта е само двуизмерно. Новият Ерусалим освен това е

2,400 км висок. Следователно, не можем изцяло да разберем пространството в града Нов Ерусалим само с нашите представи за територия.

Всяка от четирите страни на градската стена има по три перлени врати, които общо са дванадесет. Основополагащите камъни на градската стена са дванадесет различни вида скъпоценни камъни. Всяка врата се пази от ангел и пътищата са изградени от злато, чисто като кристал. Има и много други скъпоценни камъни освен дванадесетте основополагащи камъни. Някои от тях са толкова големи, че не можем да си представим размера им. Други отдават двуслойни или трислойни видове различни светлини.

Вътрешността на града Нов Ерусалим може да се раздели на област на Бащата Бог, област на Господ и област на Светия дух. В областта на бащата са разположени къщите на патриарсите на вярата, които са били активни по времето на Стария завет, включително, но не само Илия, Енох, Моисей и Авраам. В дясната долна част на Божия трон се намира областта на Господ, където е разположен Неговият главен замък със златен покрив. Около замъка има много други сгради с различни цветове и форми. В непосредствена близост се намират къщите на Неговите ученици Петър, Йоан и Яков и след това къщите на другите ученици.

В лявата долна част на Божия трон се намира областта на Светия дух, която като цяло създава мекото и нежно усещане за майка. В тази област се намират къщите на онези, които са постигнали съвършен дух по време на епохата на

Светия дух. Някои от тези къщи вече са завършени, докато други са украсени с красиви скъпоценни камъни и са почти завършени. Земята на някои къщи е увеличена, защото собствениците им продължават да спасяват души на тази земя.

Къщите в Новия Ерусалим са големи и прекрасни като огромни замъци. Те ще получат земята според степента, в която са постигнали смирение на тази земя и онези, които са в Новия Ерусалим, ще получат голяма земна площ за къщите си, защото са култивирали много смиреност. Всяка къща е осигурена с всички удобства, които желае собственика и човек лесно може да каже на кого принадлежи къщата, защото е построена според вярата, наградите и вкусовете на собственика. Светлината на Божието величие и скъпоценните камъни, които украсяват всяка къща, ни казват в каква степен собственикът е култивирал святост и как той/тя е удовлетворил/а Бога на тази земя. Те получават красиви награди според степента, в която са се отказали от това, което харесвали, което искали да направят и което искали да имат за Господ.

Короната от злато и короната на праведността основно ще получат онези, които отиват в Новия Ерусалим. Короната от злато има множество видове украшения от скъпоценни камъни. Откровение 4:4 гласи: „*И около престола имаше двадесет и четири престола, и видях, че на престолите седяха двадесет и четири старци, облечени в бели дрехи, и на главите им златни корони."*

Златото на златната корона е чисто и без примеси на други вещества. То представлява истинската вяра, която е неизменна и е награда за факта, че са постигнали степента на вярата, която удовлетворява Бога.

Короната на праведността се отдава на онези, които са култивирали праведно сърце, което е чисто и непорочно и които са били предани на Божието царство (2 Тимотей 4:7-8). Освен короната от злато и короната на праведността, има и други корони, които ще получат онези, които отиват в Новия Ерусалим. Ще получат корона всеки път, когато силно възхваляват Бога на тази земя.

Освен тези, има още много неща, които Бог е подготвил за нас в града на Новия Ерусалим и Откровение 21:2 гласи: *„Видях и светия град, новия Ерусалим, да слиза из небето от Бога, приготвен като невеста украсена за мъжа си."* Така, както булките се обличат с най-красивите дрехи за своята сватба, Бог подготвил града на Новия Ерусалим като най-красивото, най-удобно, уютно и щастливо място сред всички места за обитаване на небето.

Различните цветове, които излъчват блестящите скъпоценни камъни на всяка къща, ще постигнат съвършена хармония. Някои къщи имат голямо езеро, голяма гора, обширна поляна, прекрасно украсени градини, рекреационни средства, безброй птички и красиви животни. Самият факт, че отиват в Новия Ерусалим, ще трогне сърцата на хората. Те ще изпитат вечно щастие сред неописуемото величие и емоции.

Няма много хора, които са отишли в Новия Ерусалим от началото на човешката култивация. Бог иска всички да станат Негови истински деца и да отидат в Новия Ерусалим, но има много повече хора, които едва получили спасение. Те винаги са благодарни само заради факта, че не са отишли в Ада и вместо това, могат да се радват на истинска почивка в Рая.

Щастието, изпитвано в Рая, не може изобщо да се сравнява с щастието, почувствано в Новия Ерусалим. То също е много различно от щастието, почувствано в Първото Небесно царство. Има много различия в околната среда и в други условия на всяко място за обитаване според Божията справедливост и това в действителност е любящата загриженост на Бога към нас. Той позволил на онези, които имат подобни равнища на вярата, да живеят заедно и те ще изпитат съвършена свобода и щастие на всяко обиталище. По този начин, хората живеят в съответните им обиталища на небето и за този вид живот те имат духовното тяло, което е по-подходящо за духовното място.

Глава 2
Дух, Душа и Тяло в духовното пространство

Божият подарък ще бъде отдаден в различен размер според степента, в която сме култивирали дух, душа и тяло, принадлежащи на духа, докато живеем в това физическо пространство.
Той ни дава славата, на която се радваме на нашите небесни обиталища, както и дрехи, венци и други украси според това, което сме направили.

1. Духовна форма

2. Душа и Тяло, принадлежащи на Духа

3. Божият дар

Във филмите и в телевизионните сериали понякога виждаме, че духът, който изглежда абсолютно същият като човека, излиза от тялото. Духът, който излиза от тялото, наблюдава човека, който лежи долу и се чуди с изненада: „Защо този човек, който изглежда като мен, лежи там?" Дали това явление, което изглежда фантастично, съществува само във филмите и в телевизионните сериали? Библията пише за съществуването на духовното царство и на нашия дух.

Трябва да имаме дух, душа и тяло, които принадлежат на духовното пространство, за да можем да живеем завинаги във вечното небесно царство. Всички хора са родени с дух, който е мъртъв заради греха на Адам. В резултат на това живеят, следвайки сладострастията си. Мъртвият им дух ще бъде съживен след като приемат Исус Христос. Ще получат Светия дух и ще станат истински деца на Бога, които се стремят към духовното царство.

Бог създал хората и култивира човечеството така, както фермерът посява семената на полето и ги отглежда. Само когато разберем Неговото провидение можем да съживим нашия мъртъв дух и да направим така, че нашият дух, душа и тяло да принадлежат на духа. Ще се радваме на живота във вечното небесно царство със съвършено небесно тяло, когато нашият дух, душа и тяло са подходящи за живот на Третото небе, което е пространството на светлината.

Как ще изглеждаме в това пространство на светлината? На тази земя имаме духа, душата и тялото, които са подходящи за физическото пространство. След като отидем в духовното пространство ще имаме нужда от дух, душа и тяло, подходящи за него.

1. Духовна форма

Духовната форма е формата на духа. Тя може също да се счита за съд, който съдържа духа. Всеки спесен човек има форма, която принадлежи на небето, както и различна слава. Светлината на духовното тяло е различна според степента на индивидуалната святост. Ще имаме възкръснало тяло и усъвършенствано небесно тяло.

Формата е състоянието на материята. Разпознаваме орела по уникалната му форма, когато лети в небето. Лъвовете имат една форма, орлите имат друга форма и затова можем да ги различаваме един от друг.

Физическото тяло е физическата форма, която възприемаме с очите си. Нашето физическо тяло е формата, която принадлежи на тази земя, но можем да имаме и духовна форма, която принадлежи на небето.

1 Коринтяни 15:38-40 гласи: *„Но Бог му дава тяло каквото му е угодно, и на всяко семе собственото му тяло. Всяка плът не е еднаква; но друга е плътта на човеците, а друга на животните, друга пък на птиците и друга на рибите. Има и небесни тела и земни тела, друга е, обаче, славата на небесните, а друга на земните."* Подобно на нашата видима форма, която представлява физическото ни тяло, духът също има форма. Можем да кажем, че духовната форма е съдът, който съдържа самия дух. Съдържанието на душата не изчезва, когато земният ни живот завърши, а се съдържа в духовното тяло. Светлините на духовното тяло

са различни според степента, в която човек се придържа към истината на тази земя. Духовното тяло на всеки човек е различно, което означава, че се различават помежду си. Наблюдавайки светлината на духовното тяло, можем дори да кажем какво място за обитаване на небето ще наследи човекът ако Бог го/я извика точно сега.

Духовната форма не е сенчеста фигура и се отличава с твърдото си състояние. Няма тегло, макар и привидно да изглежда, че има. При все това има тегло, макар и усещането да е безтегловно. Това е сякаш вземаме книжен памук. Имаме чувството, че не тежи изобщо, но в действителност има тегло. Това не означава, че духът е толкова слаб, че може да се олюлява от вятъра. Той е толкова лек, че не може да бъде претеглен, но е стабилен.

Духовна форма на Адам

Адам е първият човек, когото Бог създал. Бог внимателно изградил неговите органи, кости и цялостната човешка форма и той станал живо същество, по-конкретно жив дух, когато Бог вдъхнал в ноздрите му дъха на живота. Сърцето на Адам започнало да бие, кръвта му да циркулира и органите и клетките му да функционират. Той бил красиво същество, изградено от плът и кости, които никога не остарявали и никога нямало да умрат. Духът на Адам добил същата форма като неговото физическо тяло, когато Бог вдъхнал в него дъха на живота. Така, както тялото на Адам имало форма, духът му също добил форма, която изглеждала по същия начин като неговото физическо тяло. Духът на Адам, който общувал с Бога и душата му, която подпомагала духа, се съдържали в тялото на Адам.

Адам спазвал Божието слово и общувал с Бога, защото душата и тялото му се подчинявали на духа. По време на неговото създаване, духът в духовното му тяло приличал на празен лист хартия. Ето защо, Бог го завел в Едемската градина и му показал знанието за духа. Бог казал на Адам: *„Но от дървото за познаване на доброто и злото, да не ядеш от него; защото в деня, когато ядеш от него, непременно ще умреш"* (Битие 2:17).

След като прекарал дълг период от време в Едемската градина, Адам ял от забранения плод, който Ева му дала и който тя опитала, изкушена от Сатаната. В резултат на това, както Бог произнесъл: „Със сигурност ще умреш", духът на Адам умрял и общуването му с Бога било нарушено.

Разбира се, духът на Адам дошъл от Бога и затова не може никога да бъде унищожен. Дъхът на живота, който Бог вдъхнал в ноздрите на Адам, има характеристика на безсмъртието. Тоест, той има качеството да бъде „неугасим."

В този случай, твърдението, че духът му умрял, означава, че общуването с Бога било прекъснато и активността му била преустановена напълно. Духът му вече не бил активен, затова душата заела мястото на владетел на човека и управлявала тялото. Познанието за духа, което поддържало Адам като жив дух, започнало да угасва след прегрешението му и физическите качества, които принадлежат на тъмнината, започнали да заемат духовна форма. От този момент нататък, тялото на Адам било под контрола на физическия закон. Той станал същество, което трябвало да се променя, да остарява и накрая да посрещне смъртта.

Физическата форма на човека по времето на смъртта

Духът и душата на човека ще се съдържат в духовната форма и ще съществуват завинаги след смъртта на физическото му тяло. Душата не изчезва дори и след физическата смърт, защото е обединена с духа и продължава да действа като душа. Знанието, което се съдържа в мозъка, ще остане в духовна форма дори и след като тялото умре и мозъкът спре да съществува. Мислите и чувствата също ще останат. Обединените дух и душа са известни като „дух-душа", но в повечето случаи ги наричаме просто „дух."

От една страна, духовната форма на човек ще блести ако приеме Исус Христос, ако спазва Божието слово и ако получи правото да отиде в пространството на светлината. От друга страна, духовната форма ще има само тъмнина ако духът на човек е мъртъв, защото няма връзка с Бога, който е Светлина, а живее в прегрешения и злини и е опетнен от света.

Спасените хора на външен вид ще изглеждат съвсем

различно от неспасените в момента на тяхната смърт. Хората, които не са спасени, обикновено умират, обзети от страх с отворени очи, а спасените умират в мир със затворени очи. Те научават, че има Небе и Ад в момента, в който духът им излиза от тялото.

Някои от неспасените хора виждат, че ги очакват пратениците на ада, които са изпълнени с тъмнина от главата до петите и са облечени в черни дрехи. Имат бледи лица, тъмно-червени устни и много тъмна енергия под очите. Човек може да бъде напълно обзет от страх, когато го доближат пратениците на ада с техния ужасен вид! В този момент, той научава, че със сигурност има Небе и Ад и умира, обзет от страх. За него вече е прекалено късно и разкаянието за миналото няма да му помогне. Той не може да избегне да бъде завлечен в Ада.

Хората, които спазват вярата си и водят добър живот като Християни, не трябва от нищо да се страхуват. Те виждат два ангела с бели роби, които ги очакват точно преди смъртта, затова лицата им са розови и са спокойни. В момента, в който духът им се отделя от тялото, те изпитват завладяващи и неописуеми радост и щастие.

Една вярваща жена почина, след като за определен период води живот с вяра в църквата ни. Тя наистина имаше добро сърце и беше толкова тиха, че никога нямаше неприятности и не влизаше в конфликт с никого. Беше спокойна с всички и произвасяше само думи на добрина, любов и истина с благост. Обичаше Бога страстно и първият й приоритет винаги беше Божието дело. Тя не пощади живота си, когато се отнасяше за Божието царство и от гроба й се излъчваха множество блестящи светлини. Видях достойнството на ангелите, които дойдоха да вземат духа й и си представих на какво обиталище ще отиде на небето.

Духовната форма на спасените

Духът излиза от тялото на спасения човек, когато умре на тази земя. Два ангела придружават духа му и го ръководят до мястото за изчакване на Небето. Горният гроб бил мястото за изчакване на Небето преди възкресението на Господ, но това се променило след възкресението Му. Душите (дух-душа) остават на друго място за изчакване в покрайнините на Рая. Спасените души по време на епохата на Стария завет, също били преместени на това място за изчакване.

В епохата на Новия завет, спасените хора отивали първо в Горния гроб, когато духът напускал тялото им. Оставали там в продължение на три дни, за да се адаптират към духовното царство и да получат необходимото обучение и познание. След това се премествали в мястото за изчакване в покрайнините на Рая. Процесът на човешката цивилизация ще приключи по време на второто пришествие на Господ във въздуха. След това ще настъпи Хилядолетното царство и когато и то завърши, ще започне Съдът на Великия бял трон. Чрез осъждането, Бог ще даде на всеки човек небесно обиталище и награди според делата му/й.

Какъв външен вид придобива духовната форма на спасените хора? Можем по-лесно да разберем за възкресението и Отнасянето ако познаваме духовната форма. Духовната форма има облика на дете ако човек е умрял в детството си, младежка форма, ако е умрял в младостта си и форма на старец ако е умрял на старини. Въпреки всичко, духовните форми нямат бради, недъзи, белези или бръчки. Дори и човек да умре от болест, духовната му форма все още ще бъде здрава и хубава. Духовните форми на по-възрастните хора ще изглеждат подобно на външния вид на физическото тяло по времето на смъртта. Въпреки това, те не изглеждат немощни, а имат вида на здрави и енергични хора.

Всички носят бели роби и самите им духовни форми излъчват светлини. Силата на светлините е различна за всеки човек. Колкото по-голяма святост е постигнал човек, толкова по-светла и по-красива е светлината. Според силата на светлината, небесните места за обитаване и славата за всеки човек също ще бъдат различни. За жените, дължината на косите им ще е различна според постигнатата степен на святост. 1 Коринтяни 11:15 гласи: *"...ако жена оставя косата си да расте, това е слава за нея, защото косата й е дадена за покривало?"*

Косите на жените в Рая, в Първото или във Второто небесно царство ще достигат до раменете. Косите на жените в Третото небесно царство ще достигат до средата на гърба и косите на жените в Новия Ерусалим ще стигат до кръста.

Дължината на косата за мъжете остава същата и достига до задната част на врата. Косата в Небето е руса и вълниста, както за мъжете, така и за жените.

Духовната форма в мястото за изчакване на Небето още не е завършена и съвършена. Хората все още очакват второто пришествие на Господ във въздуха, което е времето за възкресението. Могат да имат възкръсналото тяло само, когато Господ отново се появи във въздуха.

Възкръсналото тяло

Душите, които се намират в мястото за изчакване на Небето, ще се обединят със своите физически тела, възкръснали от гробовете, когато Господ се завърне във въздуха. Ето защо, Библията казва, че хората, които умират, вярвайки, не са умряли, а са заспали. Мъртвите и погребаните им тела ще възкръснат отново, ще бъдат издигнати във въздуха и ще се обединят със съответната им дух-душа. Това обединено тяло наричаме „възкръсналото тяло."

Как може тялото да възкръсне и да се обедини с духа ако се е превърнало в шепа пръст в гроба след дълъг период от време или ако е било кремирано? Макар и невидими за нашите очи, елементите, които съставят тялото, все още съществуват на тази земя. При завръщането на Господ, всички тези елементи ще се съберат заедно и ще възкръснат с Божията сила. Това тяло ще се срещне с духа-душа и ще стане цялостно тяло от дух, душа и тяло.

По-нататък, хората, които приемат Господ приживе, също ще се променят в духовно тяло и ще бъдат издигнати във въздуха. Това се нарича „Отнасяне." То може да се сравни с огромен магнит, който притегля желязна прах във въздуха.

1 Солунци 4:16-17 гласи: „*Понеже сам Господ ще слезе от небето с повелителен вик, при глас на архангел и при Божия тръба; и мъртвите в Христа ще възкръснат по-напред; после ние, които сме останали живи, ще бъдем грабнати заедно с тях в облаците да посрещнем Господа във въздуха; и така ще бъдем всякога с Господа.*"

В 1 Коринтяни 15:51-53 е записано: „*Ето, една тайна ви казвам: Не всички ще починем, но всички ще се изменим, в една минута, в миг на око, при последната тръба; защото тя ще затръби, и мъртвите ще възкръснат нетленни, и ние ще се изменим. Защото това тленното трябва да се облече в нетление, и това смъртното да се облече в безсмъртие.*"

Спасените души ще срещнат Господ във въздуха и ще имат сватбено тържество в продължение на седем години. В този случай „въздухът" се отнася за специално пространство, осигурено в една част на Едемската градина на второто небе. Едем е обширно пространство, което включва Едемската градина. Седем-годишното светбено тържество е време за спасените души да бъдат утешени и да се забавляват. То е за честване на усилията, положени по време на периода на човешката култивация на тази земя. Това е също времето да благодарят на Бога, спомняйки си за техния живот на земята.

Когато се променят във възкръсналото тяло, те ще могат да видят степента на святост, която са постигнали в култивацията на сърцето на Господ. Тогава ще имат известна представа за видовете награди и славата, която по-късно ще получат при окончателния съд. Ще участват в седем-годишното сватбено тържество във въздуха във възкръсналото тяло и след това ще слязат на тази земя, за да прекарат хиляда години.

По какво се различава възкръсналото тяло от духовната форма? Възкръсналото тяло и духовната форма имат различно възприятие за духовното пространство. Духовната форма сама по себе си не може да бъде завършено тяло в духовното пространство. Човек притежава основната форма, за да живее в духовното пространство, когато има възкръснало тяло. Духовната форма има външния вид на човека по времето на смъртта, но възкръсналото тяло ще изглежда за всички на тридесет и три години.

Исус завършил Своя земен живот на тридесет и три годишна възраст. Тридесет и три годишната възраст е кулминационната точка в човешкия живот, така както слънцето свети най-силно на обяд. Те ще бъдат достатъчно зрели, но все не съвсем остарели, за да имат цялата си енергия и жизненост. Ще имат зряла красота след като преминат 20-те. Това е подобно на периода на пълното разцъфтяване ако ги сравним с цветята.

Поради тази причина Бог дал на Своите деца духовни

тела, които на външност имат тридесет и три години. Височината на мъжете ще бъде около 190 см (около 6' 3") и на жените – 170 см (5' 7"). Никой няма да бъде прекалено пълен или прекалено слаб; всички ще имат съвършен външен вид.

Възкръсналото тяло ще бъде видимо. То може физически да бъде докоснато, защото представлява обединение на духа и душата с възкръсналото физическо тяло. Исус Христос е единственият, който ни показал това възкръснало тяло. Възкръсналият Господ се появил пред Своите ученици и казал: *„Погледнете ръцете Ми и нозете Ми, че съм Аз същият; попипайте Ме и вижте, защото дух няма меса и кости, както виждате, че Аз имам"* (Лука 24:39). Както Той казал, възкръсналото тяло има плът и кости.

Възкръсналото тяло е също безсмъртно тяло, което не подлежи на физическите ограничения на този свят. Възкръсналият Господ се появил на учениците, преминавайки през стените, както е записано в Йоан 20:19, 26. Йоан 20:22 гласи, че Исус *„духна върху тях."* Възкръсналото тяло може да диша, да яде и да пие. Консумираната храна ще бъде разградена и издишана. Колко удивително е, че консумирата храна се издишва заедно с дъха с приятен аромат и след това изчезва във въздуха!

В Лука 24:41-43 е записано: *„Но понеже те от радост още не вярваха и се чудеха, Той рече: Имате ли тук нещо за ядене? И дадоха Му част от печена риба и медeн сок.*

И взе та яде пред тях." Господ ял пред Своите ученици, за да им позволи да вярват във възкресението и за да научат за възкръсналото тяло. Той искал също да им покаже факта, че и духовното тяло може да се храни. Мария Магдалена и учениците отначало не разпознали възкръсналия Исус заради светлината, която се излъчвала от възкръсналото тяло. Възкръсналото тяло няма никакви белези, но пред съмнението на Тома, Исус му показал ръцете Си. Исус позволил на Тома да види за момент белезите, за да добие вяра.

Усъвършенстваното небесно тяло

Обяснено е, че онези, които имат възкръснали тела, ще бъдат издигнати във въздуха за седем-годишното сватбено тържество. След това, в същото това тяло, те ще слязат на тази земя по време на Хилядолетното царство. Когато то завърши, ще наследят съответните им небесни места за обитаване чрез съда на Великия бял трон. Когато това се случи, ще се променят в *съвършено небесно тяло*, което може да се счита за духовно тяло на по-високо равнище от възкръсналото тяло. Защо Бог направил така, че да има временен период? Защо получаваме възкръсналото тяло, а не съвършеното небесно тяло от самото начало?

Главната причина е, че небесното царство, което е на Третото небе и мястото за седем-годишното сватбено тържество на Второто небе ще имат много различия, включително плътността на духа и потока на времето. Поради тази причина Бог ни дава тялото, което е най-подходящо за всяко пространство. Общият фактор за духовната форма, възкръсналото тяло и усъвършенстваното небесно тяло е, че те всички имат различен блясък или подобни на сияние светлини, които се излъчват според степента, в която човек е постигнал святост. В допълнение към отдаването на различни светлини според равнището на индивидуалната святост, съвършеното небесно тяло също показва наградата и величието, което всеки човек получава от Бога. Това е най-голямата разлика между възкръсналото тяло и усъвършенстваното небесно тяло.

Когато човешката култивация завърши, нивото на святост на всички хора ще бъде завършено и размерът на наградите ще бъде според него. По този начин, човек може да разграничи различията във величието и наградите, виждайки духовната светлина на всеки човек. Разбира се, всички неща ще бъдат ясно разкрити едва след съда на Великия бял трон. Човек ще има съвършено небесно тяло само след като Бог официално признае и провъзгласи величието и наградите, отдадени на всеки човек.

Светлина на величието

Блясъкът на подобната на сияние светлина на духовната форма е различен според равнището на святост, което всеки човек е достигнал на този свят. Поради тази причина блясъкът е наречен „светлина на величието." Колкото по-голяма святост и прилика с Господ е постигнал човек, толкова по-ярка и по-блестяща ще бъде светлината. Ще можем също да определим нивото в духовния ред само като видим яркостта на светлината. По-конкретно, хората, които се намират във Второто небесно царство и хората в Третото небесно царство ще имат съвсем различен външен вид. Това е така, защото светлината на величието, дрехите, които носим, цветът и украшенията на дрехите и техните прически ще бъдат различни.

Откровение 19:8 гласи: *„И на нея се позволи да се облече в светъл и чист висон; защото висонът е праведните дела на светиите."* Както е казано, мъжете и жените на Небето ще носят снежно-бели дрехи от фин лен.

Дрехите са нежни като коприна и се развяват, защото са много леки. Няма прах и хората не се потят, затова дрехите никога не се замърсяват, дори и да се носят дълго време. Има много видове украшения и различни десени, които ги правят толкова прелестни и красиви, че не могат да се сравняват с други дрехи на тази земя. Освен това, от дрехите се излъчват светлини с цветовете на дъгата и с други разнообразни цветове.

Има дрехи за всекидневна употреба, дрехи за развлечения, дрехи за хвалебствени служби, спортно облекло и дори дрехи за различни игри. Могат да имат подходящо облекло за всеки случай. На Небето хората получават награди според своите дела на земята. Ето защо, всеки получава различни видове и брой дрехи. Някои хора имат само няколко, докато други може да притежават безкраен брой разнообразни дрехи. Разбира се, степента на величието не се разпознава само по дрехите. Можем да разпознаем също величието и наградите на всички хора според венците, които носят на главите си и други украшения.

Броят, видовете, светлината и блясъкът на венците ще бъдат различни според степента, в която постигаме святост и работим предано за Божието царство с вяра. Наситеността, десенът и яркостта на блясъка на цветовете са различни на всяко място за обитаване на небето. Дори и дрехите на най-ниското равнище за обитаване на Небето ще бъдат много по-прекрасни, красиви и пъстроцветни от всички дрехи на земята. Съвършеното небесно тяло само по себе си е толкова красиво, че няма нужда от допълнителни украси или декорации, но Бог отдава дрехите, венците и други аксесоари според делата на всеки човек.

2. Душа и Тяло, принадлежащи на Духа

Спасените деца на Бога ще живеят на Небето в съвършеното небесно тяло след Съда на Великия бял трон. Съвършеното небесно тяло има душа, която се подчинява на духа и духовно тяло, което не отделя никакви видове телесни отпадъци.

Защо е важно да разберем за духа, душата и тялото? Защото трябва да възстановим духа, душата и тялото, които се променили заради прегрешението на Адам. Това е също причината, заради която Бог култивира човешките същества на земята. Когато приемем Исус Христос и получим Светия дух, нашият мъртъв дух е съживен и тогава трябва да възстановим духа ни. Според степента, в която възстановяваме нашия дух, ще имаме душата и тялото, които принадлежат на духа. Тогава можем да станем хора, които принадлежат на духа.

Когато човек има душа и тяло, които принадлежат на духа, това е състоянието, при което „душата преуспява." В 3 Йоаново 1:2 е записано: *„Възлюбений, молитствувам да благоуспяваш и да си здрав във всичко, както благоуспява душата ти."*

Човек отстранява мислите, принадлежащи на плътта, когато душата преуспява. Ако той иска да спре да мисли за нещо, може веднага да го направи. Човек може да спре да усеща и да чува определени неща. Може да имаме или не усещане за болка, както желаем. Мислите и чувствата се контролират според волята ни и хората винаги са изпълнени с радост и благодарност (Римляни 8:6). Такъв човек е здрав и всичко върви добре с него. Болестите не го засягат, защото контролира и тялото си. Дори и да се разболее ако допусне грешка, може веднага да преодолее заболяването с вяра.

Душа, принадлежаща на духа

Адам, първият човек, когото Бог създал, бил жив дух и имал духа, душа и тяло, които принадлежали на духа. Духът му бил неговият господар. Той контролирал душата и тялото му в истината. От времето, когато сгрешил и духът му умрял, духът, душата и тялото му започнали да принадлежат на плътта. Когато човек бил жив дух, той получавал само истината от Бога и по този начин действията на душата му принадлежали само на духа. Сатаната започнал да контролира човешката душа след смъртта на човешкия дух. С мъртъв дух, хората не могли повече да имат действия на душата, принадлежащи на духа.

Човек може отново да възстанови действията на душата, принадлежащи на духа според степента, в която ражда дух чрез Светия дух и спазва Божието слово след като приеме Исус Христос. Грешните знания и теории и мислите, които не удовлетворяват Бога, ще се променят според истината. Както е записано в 2 Коринтяни 10:5: *„Понеже събаряме помисли и всичко, което се издига високо* *против познанието на Бога, и пленяваме всеки разум да се покорява на Христа."*

Хората получават делата на Сатаната според степента, в която имат душа, принадлежаща на плътта. Те не могат да направят това, което желаят, дори и да се опитат да имат действия на душата, принадлежащи на духа. Ето защо, трябва да се стремят да променят действията на душата в действия, принадлежащи на истината като проверяват своите мисли, думи и дела по всяко време. Ще бъдат способни да постигнат действия на душата, принадлежащи на духа, чрез Божията сила и милосърдие и помощта на Светия дух, когато непрекъснато се опитват със страстни молитви.

Душата, която принадлежи на духа, се подчинява на духа, защото духът, който е първоначалният господар на човека, изпълнява ролята на владетел. Такъв човек ще има само мисли на добрина, любов и истина, защото има само действия на душата, принадлежащи на духа. Например, човекът, чиято душа принадлежи на духа, няма да има наранени чувства, дори и другите да действат грубо или да му причинят нещо лошо. Той желае мир и разбира другите без никаква форма на конфронтация с тях. Вместо да има наранени чувства, той изпитва съчувствие към другите, защото са изпълнени със зло.

Разбира се, дори и в хората, чиято душа просперира, все още има неистини, които са заложени в паметта им, но Сатаната не може да действа върху тях след като неистините са отхвърлени от сърцето. Те имат само действия на душата, принадлежащи на духа. Следват ръководството на Светия дух и не виждат нещата, които не трябва да виждат. Не осъждат и не проклинат и живеят според истината.

Действията на душата, принадлежащи на плътта, могат да изчезнат изцяло ако хората продължават да имат действия на душата, принадлежащи на духа. Ще започнат да мразят, когато виждат, чуват или изговарят неща, които принадлежат на неистината, защото съдът на сърцата им е изпълнен изцяло с истината. Неистините са отстранени изцяло от сърцата им и ще изчезнат също от мислите им. По този начин, ще имаме душа, принадлежаща само на истината ако изпълним сърцата си с нея.

Душата знае всичко, но мисли само истината

Духът ни не е единственият, който отива на Небето. Душата ни също ще бъде вместена в духовната форма. Това е душата, която принадлежи на духа, а именно на истината. С духа ще се обедини само тази част от нашата душа, която е освободена от неистината и която е култивирана като истина. Означава ли това, че няма да знаем нищо за неистината, когато сме на Небето? Не, не означава. Ще знаем за неистината и при това много повече, отколкото знаем сега.

1 Коринтяни 13:12 гласи: *„Защото сега виждаме нещата неясно, като в огледало, а тогава ще ги видим лице с лице; сега познавам отчасти, а тогава ще*

позная напълно, както и съм бил напълно познат." Огледалата, които използвали хората преди 2,000 години, представлявали полирани плочи от сребро, бронз или стомана и били мътни в сравнение с модерните огледала. Хората виждали очертанията на нещата, но предметите не били ясни. Съвременните огледала са много чисти. Същото е и с Небето. Ще знаем всичко ясно и точно, дори и нещата, които не сме познавали тук на тази земя.

Дори и да мислим за някои неща, които са ни причинили срам или унижение на тази земя, няма да имаме никакви мисли на неистината или лоши чувства за тях, когато имаме души, принадлежащи на духа. Ще имаме само мисли на духа и мисли на истината с нежност, спокойствие и милосърдие.

Разбиране на сърцата на другите в дух

Можем да почувстваме и правилно да разпознаем сърцата на другите хора на Небето, както и да разберем и да усетим техните чувства. Те също не изпитват зло в сърцата си и по този начин няма недоразумения, предразсъдъци или осъждане. Особено в Новия Ерусалим, те изцяло разбират сърцата си в духа. Всяка дума, която казват, съдържа внимание, любов и подкрепа и трогва сърцата на другите. Те разбират сърцето на Бащата Бог и на Господ, както и сърцата на другите хора, затова знаят какви мисли и чувства е имал докато са преминавали през процеса на човешка култивация на Земята; разбират също какви чувства е имал Господ, когато поемал кръста.

Веднъж чрез вдъхновение, Бог ми позволи да почувстам сърцето на Моисей. Срещнах Моисей сред блестящи светлини и той беше изпълнен с аромата на добрината. Божията любов ми беше предадена, когато държа ръцете ми. Когато отвори устата си да говори, той имаше смелостта и достойнството, които притежаваше, докато предаваше Божието слово на синовете на Израел в пустинята.

Моисей ми разказа за детството си в египетския замък. Разказа ми как научил за всемогъщия Бог, за това, че бил еврейн по линия на детегледачката, която в действителност била майка му. Разказа ми за случая, в който синовете на Израел идолопоклонствали в пустинята и какви видове чувства и емоции имал като водач на Изхода. Моисей се просълзи докато си спомняше онези моменти.

Сълзите, които някой пролива, спомняйки си нещата, които се случили на тази земя, скоро се превръщат в красиви светлини. Хората, които ги слушат, също ще почувстват добрината и любовта за душите, разчувстващи сърцето.

Те отново ще изпитат благодарност за любовта на Бога, който им дал щастието на Небето и ще Го възхваляват от сърце. Обичат Бога от цялото си сърце, разум и душа и изпитват неизменна любов и благодарност. Разбират дълбоко провидението на Бога, който иска да получи истински деца, за да споделят любовта с Него, дори и това да означава да премине през множество мъчителни неща в процеса на човешката култивация. Ето защо, ще бъдат благодарни завинаги от все сърце.

Тялото, принадлежащо на духа

Подобно на живия дух, Адам не бил съвършен. Духът, който не знае за плътта, не е съвършен. По същия начин, няма стойност плътта, която не знае за духа. Хората, които не приемат Исус Христос като свой личен спасител, са хора на плътта и не могат истински да знаят за Божието и за духовното царство. Накрая ще агонизират във вечния огън на Ада. Каква е тяхната стойност? Имат стойност като хора само онези, които знаят за царството на плътта, за духовното царство и отхвърлят плътта, за да станат духовни.

Нашата плът също ще се промени в плът, която принадлежи на духа според степента, в която култивираме святост в сърцата ни. Хората, които били слаби и болни, ще станат здрави в същата степен, в която са променени, макар и още да не са постигнали пълна святост.

След като станем дух, той ще обгърне душата и тялото, за да се движат заедно като едно цяло. Въпреки че живеем в това физическо пространство, ние контролираме нашата душа и тяло чрез духа, сякаш живеем в духовното пространство. Можем ясно да общуваме с Бога, да получим благословии и всички неща ще бъдат добре с нас според степента, в която възстановим Божия образ, който бил загубен заради прегрешението на Адам.

Също така, след като станем хора на духа, нашето стареене ще се забави и по-нататък ще се подмладим ако добием съвършен дух. В случая на Моисей, погледът му не бил замъглен и силите му не били отслабнали, когато умрял на 120-годишна възраст. Авраам създал Исаак, въпреки че бил прекалено стар, за да има син. Освен това, четиридесет години след раждането на Исаак, той създал още 6 деца (Битие 25). Илия и Енох отхвърлили всички форми на плътта и постигнали толкова дълбоко равнище на духа, че представили Божията природа. Поради тази причина те вече не се намирали под закона на духовното царство, което гласи, че отплатата на греха е смърт и могли да избегнат смъртта.

Тялото, което не се нуждае от храна

Божиите деца ще имат съвършено небесно тяло, когато влизат в небесното царство. Телата им не умират и не остаряват и ще се радват на вечен живот. Матей 26:29 гласи: *„Но казвам ви, че отсега няма вече да пия от тоя плод на лозата, до оня ден, когато ще го пия с вас нов в царството на Отца Си."*

Възкръсналият Господ няма да яде нищо докато не се храни със спасените вярващи след завършване на човешката култивация. Подобно на възкръсналия Господ, ние не трябва да се храним, за да продължим живота си, когато имаме духовно тяло.

Ароматът и елементите, които се съдържат в храната на Небето, имат добри ефекти върху духовната форма, затова могат да се хранят или да вдишват този аромат. Могат да вдишват аромата на цветя или плодове и могат да правят това не само с носа си, но и чрез цялото тяло или чрез църцето си. Бог усетил аромата на сърцето, който идвал от хората, които извършвали жертвоприношения, когато принасяли в жертва животни по времето на Стария завет. Дори и днес, Бог приема аромата на сърцата ни, когато правим хвалебствени служби, възхвали и приношения.

Чрез вдишване на аромата се чувстват по-голяма радост и щастие от Небето. Дори и на тази земя, ние сме по-щастливи, когато се храним с разнообразна храна. По подобен начин, на духовните тела доставя удоволствие да вдишват ароматите. На Небето никой не се изморява от нищо и хората могат да изпитват еднакво щастие и задоволеност, дори и да вдишват същия аромат през цялото време. Ароматите на плодовете и цветята се поемат за малко в тялото и след това се отделят във въздуха. Сърцата на хората ще бъдат изпълнени с повече щастие в този процес.

Няма телесен отпадък

Съвършеното небесно тяло е именно тяло. То може да помирише и да яде храна. Може да се храни с различни плодове и да пие различни напитки, направени с водата на живота. В допълнение към дванадесетте плодове от дървото на живота, на Небето има още много видове плодове и ние можем да се храним с тях, колкото искаме. Има също много видове напитки.

Ще ядем ли и на Небето храната, която ни е харесвала на земята? Ще има ли на Небето месо, хляб и сладкиши? Ще ни липсва ли някаква храна от тази на земята? След като отидем на Небето, няма да искаме да ядем никаква храна, която сме имали на земята. Можем да живеем завинаги, дори и без да се храним, когато имаме тяло, което е най-подходящо за пространството на Третото небе.

Разбира се, може да си спомняте за определен вид храна, която сте харесвали на тази земя и да искате да ядете нещо подобно на Небето. Може да направите нещо подобно на нея, но плодовете и напитките на Небето са много по-хубави и няма да искате да опитвате никаква физическа храна от миналото.

Когато ядем нещо на Небето, то ще бъде разтворено и отделено по време на дишането, затова няма да има никаква форма на екскременти като на земята. Консумираната храна ще бъде отделена по естествен начин с въздуха, ще се задържи за малко като аромат и ще изчезне. Колко удобно и удивително е, че няма да имаме необходимост да я храносмиламе и отделяме, както на земята! Очевидно, няма да има тоалетна с неприятни миризми. На Небето ще имаме такова съвършено небесно тяло.

Така е на всички небесни обиталища, но блясъкът

на духовната форма ще бъде слаб ако по-голяма част от душата ни принадлежи на плътта и по-малка част – на духа. Ще получим място за обитаване в Рая, в Първото или във Второто небесно царство Според степента, в която култивираме нашата душа да принадлежи на духа. Можем да влезем в Третото небесно царство или в Новия Ерусалим само, когато душата ни принадлежи изцяло на духа и никаква част от нея не принадлежи на плътта.

Бог ни оставя да пожънем, каквото сме посяли и ни отвръща според действията ни в Неговата любов и справедливост. Небесното място за обитаване и небесната степен ще бъдат решени според яркостта на нашата духовна светлина и затова трябва да се стремим със страстни молитви да станем хора, които имат дух, душа и тяло, което принадлежи на духа.

3. Божият дар

Бог е приготвил подарък за спасените деца и това е вечният живот в небесното царство. Ще получим различно място за обитаване на небето според това как преминаваме през човешката култивация на земята, за да станем хора, които се стремят да наподобяват Божието сърце.

Големият план на Бога да постигне вярващи хора, които са "пшеницата" на реколтата, все още продължава и в днешно време. Той търси онези, които вярват в силата и в божествената природа на Бога, които се виждат във всички неща в природата и които живеят според Божието слово. Те са души, чисти и ясни като кристал. Библията ни разказва за края на дните. Хората, които са духовно будни, чувстват, че краят на човешката култивация е много близо.

Човечеството създало потомци и развило цивилизации след греха на Адам. Хората изпитват живота, стареенето, болестите и смъртта. Бог ще покани всички вярващи да влязат във "въздуха", който се намира във Второто небе, след завършване на човешката култивация. Той ще организира "очарователно" сватбено тържество и ще ни позволи да споделим любовта ни с Него в продължение на седем години.

Откровение 19:7-9 дава следното описание:

„Нека се радваме и се веселим и нека отдадем Нему слава; защото дойде сватбата на Агнето, и Неговата жена се е приготвила. И на нея

се позволи да се облече в светъл и чист висон; защото висонът е праведните дела на светиите. И каза ми: Напиши: Блажени тия, които са призвани на сватбената вечеря на Агнето. И казва ми: Тия думи са истинни Божии думи.“

Божията любов не завършва тук. След завършване на сватбеното тържество, подобно на младоженците, които отиват на меден месец, Бог ще ни позволи да слезем долу на земята с Господ и да царуваме с Него в продължение на хиляда години. Той ще поднови Първото небе, което е представлявало сцената на човешката култивация и ще позволи на спасените вярващи да споделят в пълна степен своята любов с Господ.

Откровение 20:6 гласи: *„Блажен и свет оня, който участвува в първото възкресение; над такива втората смърт не ще има сила; а те ще бъдат свещеници Богу и на Христа и ще царуват с Него хиляда години.“*

Бог ще разкрие подаръците и наградите, които е подготвил за Неговите любими деца след завършване на Хилядолетното царство. По време на Съда на Великия бял трон, Той ще даде награди за това, което са направили на тази земя и ще им укаже небесните обиталища според индивидуалната мярка на вярата. Получават постоянни места за обитаване на Третото небе, което е място, свободно от сълзи, скръб, болка, болести и смърт, за да могат да водят живот, изпълнен с добрина, любов, радост и щастие в съвършено небесно тяло.

Исус обещал в Йоан 14:2-3, *„В дома на Отца Ми има много обиталища; ако не беше така, Аз щях да ви кажа, защото отивам да ви приготвя място. И като отида и ви приготвя място, пак ще дойда и ще ви взема при Себе Си, тъй щото гдето съм Аз да бъдете и вие."*

Как изглежда вечното небесно царство и какъв вид живот ще водим там?

Ново небе и нова земя

Синевата на Небето е ясна и светла. Бог направил небето синьо, защото този цвят ни позволява да почувстваме дълбочината, височината и яснотата. Той иска Неговите любими деца да живеят щастливо завинаги с чисти и красиви сърца като кристал.

На небесното царство има също и облаци, които служат за декорация, за да бъде още по-красиво. Облаците правят по-щастливи сърцата на небесните жители. Когато обитателите на Новия Ерусалим мислят за и възхваляват любовта на Бога като гледат към небето, ангелите прочитат мислите на своите господари и понякога създават облаци с форма на сърце или използват облаците, за да изпишат неща.

На Небето е светлината на Божието величие, която е несравнима със слънчевата светлина. Тя осветява ярко всеки ъгъл, започвайки от Новия Ерусалим до Рая (Откровение

22:5).

Светлината на Божието величие е толкова ярка и светла, че ако трябваше да свети за хората в Рая, те нямаше да бъдат в състояние да погледнат нагоре заради блясъка й. Поради тази причина, Бог непрекъснато намалява светлината в другите обиталища, различни от Новия Ерусалим. Блясъкът на светлината намалява, когато се придвижвате по-нататък от Новия Ерусалим и Третото небесно царство към Второто небесно царство, Първото небесно царство и Рая.

С Божията сила на Небето има четири сезона: пролет, лято, есен и зима. Там в действителност няма нужда от четири сезона, но небето е подготвено за Божиите деца, за да се радват на различната естествена среда на всеки сезон. Могат да видят есенните листа и снега през зимата.

Бог изградил нещата по най-съвършен и красив начин, за да се наслаждаваме на красотата, която сме виждали по време на четирите сезона на земята. Това не означава, че на Небето ще има „студено" или „топло", свързани с времето и сезоните. Всеки сезон има своите отличителни характеристики, но няма да бъде белязан като горещ или студен сезон. Винаги ще има най-подходящата температурата за живот.

Почвата на Небето не е изградена от пръст, а от злато, сребро и различни скъпоценни камъни. Стоманата има умерена плътност на земята, но се носи от вятъра под формата на прах. Вятърът няма да може да я отнесе ако е под формата на топка. Златото, среброто и другите скъпоценни камъни имат сферична форма, затова на Небето няма прах.

Златният път и пътят от скъпоценни камъни

Във всяко небесно място за обитаване има златен път. Разбира се, блясъкът на златния път е различен според мястото на Небето. Колкото повече се доближавате до Новия Ерусалим, толкова по-ярък става блясъкът. За разлика от чистото злато на тази земя, златото на Небето е твърдо, но е меко на допир, когато вървите върху него. На тази земя е много рядко да видите къс злато, голямо колкото човешка длан. Може да си представите колко прекрасно е да видите безкрайния златен път, който блести като стъкло. Чистото злато символизира неизменния характер на духовната вяра. Яркостта на блясъка на златния път на всяко обиталище е различна, защото ще бъде определено според индивидуалната мярка на вярата.

Бог не въплъщава друго значение в златото на Рая. Въпреки това, когато се придвижват от Първото небесно царство към Второто или Третото небесно царство, обитателите ще бъдат по-близо до съвършената мярка на вярата, затова чистото злато във всяко от по-висшите места за обитаване ще има по-дълбоко значение, разкрито чрез яркостта на блясъка.

Освен златния път, има други видове пътища като пътя на цветята и пътят от скъпоценни камъни. Има също някои пътища, където ще бъдете придвижени с Божията сила само като стоите на тях. Духовната форма е много лека, сякаш няма никакво тегло. Ето защо цветята не се увреждат ако вървите по тях. Те ликуват и отдават по-голям аромат, когато ги доближат децата на Бога.

Пътищата от скъпоценни камъни имат различни видове скъпоценности, които излъчват прекрасни светлини. Те издават още по-красиви светлини, ако стъпите върху тях. Въпреки това, тези пътища не могат да бъдат видяни навсякъде в небесното царство. Изградени са само и около къщите на онези, които изцяло наподобяват Господ и са допринесли много за изпълнение на Божието провидение за култивация на човечеството.

Реката на водата на живота

Реката на водата на живота произлиза от Божия трон, протича през цялото небесно царство и се завръща в своето начало. Реката е ясна и чиста като кристал и тече много спокойно, сякаш изобщо не се движи. Никога не пресъхва и не се замърсява. Тя е като небесните вълни, които блестят като скъпоценни камъни и отразяват слънчевата светлина в ясен ден. Представя сърцето на Бога, който е източник на водата на живота, която съживява всички неща в природата. Божието сърце е красиво, ослепително ярко и чисто и неопетнено. То е съвършено във всичко.

Фактът, че реката с вода на живота протича през цялото

небесно царство, означава, че Бог управлява всички души на Небето и им позволява всеки ден да водят щастлив живот с милосърдието Му. Вкусът на водата на живота е леко сладък и никога не можем да го опитаме на земята. Тя ни дава живот, сила и щастие, когато я пием.

Откровение 22:2 гласи, че реката тече по средата на улицата и пътищата са от двете ѝ страни. Тя произлиза от Божия трон и протича през всички краища на небесното царство и накрая ще стигнете Божия трон ако вървите по пътя от двете ѝ страни. Този факт в духовен смисъл означава, че ако живеем според Божието слово, което е представено чрез водата на живота, не само ще достигнем небесното царство, но и най-прекрасното място за обитаване на Небето, Новият Ерусалим.

Между реката на водата на живота и пътищата от двете страни, се намират речните брегове със златни и сребърни пясъци. Макар и твърди, сферичните пясъците на Небето са меки на допир. Хората не могат да се наранят и няма да се одраскат ако се търкалят или тичат върху него. Вятърът не може да раздуха пясъка и той не се прилепва като прах по небесните дрехи.

В реката може да плувате. Дори и да не знаете да плувате на земята, ще плувате свободно на Небето. За да плуваме на земята, обикновено трябва да носим бански костюми. Водата на Небето не прониква в небесните дрехи, а просто се стича по повърхността на тъканите, затова може да плувате свободно докато носите обикновените си дрехи.

На златните пътища от двете страни на реката има построени красиви пейки, а около тях се намират дванадесет различни плодове от дървото на живота. Откровение 22:2 гласи: *„И от двете страни на реката имаше дърво на живот, което раждаше плод дванадесет пъти, като даваше плод всеки месец; и листата на дърветата бяха за изцеление на народите."* Това не означава, че всеки месец падналите плодове ще бъдат заместени от нови, а че дванадесетте вида плодове винаги са там.

Плодът на живота е голям, колкото пъпеш, но формата му наподобява ябълка. Той е червен и има красив цвят. Дванадесетте плода малко се различават по своя блясък, размер, форма и вкус. Ако някой откъсне един плод, веднага ще поникне нов плод, за да го замести. Той е по-ароматен от всеки плод на земята, вкусът е неописуем с думи и се разтапя в устата Ви като бонбон.

В едно видение Бог веднъж ми показа сцена на реката с вода на живота. Божиите деца седяха на пейки, украсени със злато и скъпоценни камъни и водиха приятни разговори един с друг. Ангелите ще прочетат мислите им и ще им занесат плодове в златна кошница ако им се прииска да ядат от плода на живота по време на разговора. Може да гледате към реката докато седите на пейките заедно с близките ви или да водите приятен разговор докато се разхождате. Колко щастлив ще бъде такъв живот!

Небесни животни и растения

Броят на видовете животни, птици и риби на Небето е безкраен. Някои видове не се срещат на земята и други, които живеят на земята, не се срещат на Небето. Животните, които се считат за отвратителни в Левит 11, не се срещат на Небето.

Животните на небето са малко по-големи от животните на земята. Те изглеждат по-величествени, но имат мек характер и са покорни. Козината на бозайниците и перата на птиците излъчват блестящи светлини и лек аромат. Дори лъвът не е толкова кръвожаден, а кротък. Чистата козина и златната грива имат удивителен вид.

Животните на Небето приветстват Божиите деца и се радват да ги видят, особено в Новия Ерусалим, някои хора ще приемат животни като домашни любимци или дори зоологическа градина като награда. Животните използват умели фокуси, за да удовлетворят господаря си. Това не означава, че те разбират мислите на своите собственици, защото имат душа. Подобно на ангелите, които изпълняват заповедите на Бога, животните на Небето като духовни същества, почти автоматично действат по такъв начин, че да бъдат обичани от своите господари.

На Небето има много видове растения, включително дървото на живота, други дървета с плодове и цветя. Растенията на тази земя получават хранителни вещества от корените и чрез процеса на фотосинтезата, за да произвеждат енергия, но растенията на Небето живеят вечно без тези процеси, а със силата на живота, отдадена от Бога. Корените на растенията не поемат хранителни вещества, а само разкриват характеристиките на всяко растение. Разбира се, формите на цветята, техният аромат и плодовете могат да покажат отличителните белези, но корените също са начин за представяне на тези различия.

Растенията на небето отдават своя уникален аромат силно, но нежно. Могат да олюлеят или да прегънат клоните си, за да изразят определено значение. Могат да се движат сякаш са ангели, които танцуват на възхваляващи песни. Могат също да възхваляват Бога като издават максимално силно своя аромат.

Листата, цветята или плодовете не падат, дори и с течение на времето. Ароматът и цветовете им никога не се променят. Ако откъснете цвете, ново цвете ще го замести веднага. Такъв е случаят с плодовете. Откъснатите цветя също не увяхват и свежестта им се запазва. Ако искате да запазите цветето, то ще бъде свежо толкова дълго, колкото искате. Ако искате да го изхвърлите, то просто ще се разтвори и ще изчезне във въздуха. Някои цветя издават по-силен мирис, когато са под формата на прах. Ако искате, може да го съхранявате в бутилка.

Всяко растение издава своя собствен уникален аромат. Те имат свеж, сладък, нежен или благороден мирис. Ароматът на всяко небесно обиталище има различно значение. Например, розите в Рая са само част от многото цветя там. Ароматът на розата в къщата на един човек в Новия Ерусалим ще съдържа сърцето на собственика. Когато има гости, розите ще издават специфичния аромат, за да представят сърцето на собственика. Розите издават различни видове аромат в къщите в Новия Ерусалим.

В другите обиталища няма някои от растенията, които са в Новия Ерусалим. Разнообразието от цветя намалява, когато слизате от Новия Ерусалим в Рая. Все по-ограничена е и свободата за личния избор на цветя. Удобството да се седи на поляната и цвета й също са различни във всяко обиталище.

Всичко на Небето, включително животните и растенията, е подготвено от Бога за Неговите спасени деца. Истинските деца на Бога, които са живяли единствено според Божията воля на тази земя, ще получат всичко, което искат на Небето.

Културен живот в небето

Бог направил различни средства за забавление на всяко небесно обиталище, за да даде на децата Си по-голяма радост и щастие. Те са несравнимо по-големи от най-големите увеселителни паркове на този свят и има вълнуващи неща за забавление.

Тъй като на Небето имаме съвършено небесно тяло, няма повод за страх. Няма да се уплашите от забавленията, каквито са влакчетата в увеселителните паркове и ще бъдете очаровани. Освен увеселителните паркове, има много други неща за забавление, рекреация и приятно изкарване на времето. Ще имаме любими занимания за подобряване на определени умения на Небето по същия начин, както правим на земята.

Ще се наслаждаваме на нещата, на които сме се радвали на тази земя, включително на тези, от които сме се въздържали, за да постигнем повече от Божието дело. Също така, ще научаваме нови неща. Например, можем да се научим да свирим на музикални инструменти като цигулка, флейта или арфа. На Небето всички са мъдри и съвършени и много бързо ще се научим да свирим.

Спортните дейности на Небето изключват всички игри, които могат да наранят или да навредят на другите. За всяка игра ще има също определени правила. Можем да участваме в игри в екип, каквито са волейбол, баскетбол, футбол или бейзбол. Ще има също множество индивидуални игри като тенис, ски, голф, боулинг и плуване. Ще практикуваме спортове като делтаплан, уиндсърфинг или платноходство. Спортните средства и съоръжения на Небето са безопасни и украсени със злато и скъпоценни камъни, за да ви направят по-щастливи.

Небето не е място, където получавате удоволствие от победата в състезание. Ще получите достатъчно удоволствие и задоволеност просто от факта, че спортувате. Ще попитате какъв е смисълът от игрите, в които няма победители... На

Небето няма зло и да спечелите играта означава да доставяте повече ползи и удоволствие на другите.

Разбира се, има също и игри, от които получавате удоволствие като се състезавате на добра воля. Например, хората вдишват, колкото могат повече аромата на цветята и го издишват пред други хора. Ще имат по-висок резултат според степента, в която удовлетворяват Бога чрез издишване на миризмата или според това колко добре смесват различни видове миризми. Това е състезание за степента, в която ще доставят удоволствие на други хора, което е задоволително за Бога. На Небето има още много видове забавления, които са по-забавни от всичко на земята. Те не причиняват умора като аркадните игри или видео игрите и никога не доскучават.

На Небето можете също да гледате филми. В киносалоните ще наблюдавате поразителни събития, които се случили в процеса на човешката култивация. Ще бъдат създадени филми за Сътворението, Потопът на Ной, Изходът, духовенството на Исус, провидението за кръста, огнените дела на Светия дух при завършека и историите на всички бащи на вярата.

Например, ще имате възможност да гледате филм за целия живот на апостол Павел. Ще видите как срещнал Господ и как посветил целия си живот с любовта си за Господ. Ще научите подробностите, които не са записани в Библията. Ще станете свидетел на живота на Павел сякаш сте лично с него на такива събития като жестокото му преследване извън човешките възможности. Ще изпитате затварянето му в затвора във Филипи, отправянето на благодарност към Бога и възхвалата Му, дори и когато е в морето след корабокрушение. Колко вълнуващо ще бъде това!

Транспортиране на Небето

В небесното царство ще посещаваме загадъчни и красиви места. Навсякъде, където отиваме, ще има уникални, отнемащи дъха сцени. Пътуването не е изморително в съвършеното небесно тяло, дори и когато пътуваме дълго време. Сърцето на духа е неизменно и никога не се отекчаваме, дори и да посещаваме едно и също място.

Ще има различни средства за транспорт, когато пътуваме. Има обществени средства за транспортиране като небесния влак. Има частни средства за транспортиране като облачни автомобили или златният вагон. Небесният влак е украсен с блестящи скъпоценни камъни в различни цветове и доставя на пътниците най-голям комфорт. Гледките от прозорците също ще бъдат удивителни. Вярващите в Рая ще ползват небесния влак, когато са поканени да посетят Новия Ерусалим. В действителност, влакът може да лети в небето с много висока скорост.

Въпреки че се нарича облачен автомобил, той не е изграден от пара, а от облака на величието, което допринася за красотата на небесния живот. Другите хора усещат достойнството и авторитета, когато пътувате с облачния автомобил. Господ ще дойде сред облаци, когато се завърне на земята (1 Солунци 4:16-17; Откровение 1:7). Така ще изглежда по-благороден, по-достоен и по-красив сред облаците на величието.

Бог дава облачния автомобил на онези, които отиват на Третото небесно царство или по-високо. В Третото небесно царство автомобилите са за обществено ползване, но в Новия Ерусалим, те се предоставят за частно ползване. В този смисъл, притежанието на облачен автомобил само по себе си показва величието на собственика.

Хората, които са в Новия Ерусалим, също могат да пътуват с Господ в облачни автомобили. Облачните автомобили обикновено са водени от ангелите. Някои от тях са като малки пътнически коли, докато други са по-големи и имат много места за повече пътници. Дизайнът, цветовете и украсите също са различни. Има също автомобил, изграден от малък облак, който се използва за къси разстояния. В него се качва човек и слиза в дестинацията, подобно на количката за голф!

Боготворителна служба и образование на Небето

На Небето също ще посещаваме боготворителни служби и Бог сам ще проповядва посланията. Ще научим с подробности за духовното царство, включително за произхода на Бога, за Началото на времето и за вечността.

Ще имаме време да слушаме Господ. Ще говорим с Бога, с Господ и със Светия дух и това е молитвата на Небето. Ще възхваляваме Бога с нови песни.

На Небето трябва да облечете подходящи дрехи според мястото и повода, ако посещавате място, което е на по-високо равнище от Вашето обиталище. Боготворителната служба, проведена в Новия Ерусалим, ще бъде излъчена навсякъде, затова всеки присъства на службата от всяко място на Небето. За тази цел не е необходимо сложно оборудване. Ангелите ще разгънат огромно платнище, което ще се превърне във видео екран. Светлините и цветовете ще бъдат атоматично регулирани за всяко обиталище и хората ще гледат излъчването с усещането, че действително присъстват на мястото.

Светлините трябва да се регулират на всяко обиталище, защото са прекалено силни и хората в Третото небесно царство или по-надолу, не могат директно да видят Бога. Съвестта на хората във Второто небесно царство и по-надолу няма да им позволи да повдигнат главите си, за да видят лицето на нашия Баща Бог на екрана.

Това е особено валидно за онези, които са в Рая и са получили „срамно спасение." Те не са способни да гледат видео екрана заради своето смущение и чувството си на срам. Може да поканите Господ, Светия дух или бащите на вярата като Моисей и Павел, за да говорят на боготворителните служби, на които Бог е оратор.

Ще продължим да учим нови неща, дори и след като

отидем на Небето. Небесното царство е безкрайно и затова, независимо колко учим, никога няма да научим всичко за Създателя Бог, който съществува преди вечността и по време на цялата вечност. Трудно е да разберем изцяло безкрайната дълбочина на Бога, който управлява всичко във вселената. Ще почувстваме, че Небето е изпълнено с неща, които наистина трябва да научим. Ученето на Небето, за разлика от ученето на тази земя, ще носи единствено щастие. Ще разбираме всичко, което учим. Никога няма да забравим това, което вече сме научили и затова няма да имаме никакви трудности с ученето. Освен това, ние няма да бъдем обикновени слушатели на лекторите. Ще има програми в три измерения, които ще ни помогнат в процеса на разбиране.

Представете си оригиналния глас на Бога, който казва: „Нека бъде светлина", който се чува в цялата вселена, създаването на светлината и разделянето на светлините и всички тези сцени се случват точно пред очите ви! Освен това, представете си, че може да видите пространството, което се формира от водата и водите, които се разделят. Колко великолепно и прекрасно е това!

Различни тържества на небето

Различните тържества на Небето се считат за кулминацията на радостта в небесния живот. Те ни позволяват да почувстваме изобилието, свободата, красотата и величието на Небето с един поглед. На тържествата хората ще наблюдават специални изпълнения или ще танцуват с любимите си в най-прекрасните дрехи и украшения, които имат. Дори и да не танцувате добре на тази земя, ще се научите бързо и ще танцувате добре на Небето.

Дори и на тази земя, човекът, който е изпълнен с вдъхновението на Светия дух, ще бъде способен да говори нови езици и да пее нови песни. Тогава ръцете и дланите автоматично ще се движат в ритъм, за да танцувате и да възхвалявате Бога. Всеки може да танцува красиво на всякаква музика със съвършеното небесно тяло на Небето. Човек може дори да възхвалява Бога със соло танц.

Има много видове тържества на небето и техните размери и равнища са различни на всяко място за обитаване. В Новия Ерусалим има тържества, провеждани в името на Триединния Бог или тържества, провеждани съответно в името на Бащата Бог, Сина Бог и Бог Светия дух. Понякога ще бъдат поканени всички хора във всички небесни обиталища, за да участват в тържеството, отдадено в името на Триединния Бог.

Например, след съда на Великия бял трон, получаваме съответните ни обиталища на Небето и тогава ще се проведе първото тържество в Новия Ерусалим. Бог ще покани всички обитатели на небесното царство, за да присъстват на това тържество. Могат да присъстват всички обитатели на Новия Ерусалим и на Третото небесно царство, но могат да участват само представители на Второто небесно царство, Първото небесно царство и Рая.

Хората от други места за обитаване трябва да сменят дрехите и украшенията си, за да подхождат на тържествата в Новия Ерусалим, защото светлината на небесните тела е различна на всяко място за обитаване. След като облекат дрехите, подходящи за Новия Ерусалим, могат да се адаптират към мястото и ще бъдат подходящи за проведеното тържество.

Има определени зони за преобличане, където са подготвени разнообразни дрехи и ангелите помагат на хората да се преоблекат. Обитателите на Рая трябва да се преобличат сами и без помощта на ангелите. След като се облекат с блестящите дрехи на Новия Ерусалим, те ще се движат с неизразимо величие и ще се чувстват неловко, защото не са спечелили привилегията да носят това облекло.

За разлика от дрехите, в Новия Ерусалим няма подготвени венци и всеки трябва да носи собствения си венец. Венците в Третото небесно царство са много различни от онези в Новия Ерусалим и в десния ъгъл на короната има малък, кръгъл отпечатък. Хората от Второто небесно царство, от Първото небесно царство и от Рая, слагат кръгъл символ в дясната част на гърдите си, за да може лесно да се отличават от онези, които са в Новия Ерусалим или в Третото небесно царство. Хората от Второто и от Първото небесно царство слагат своите венци, за да присъстват на тържеството, но хората от Рая нямат венци и не носят такива.

Тържества в различните обиталища

Ангелите обикновено се грижат за декорациите, подготовката, снабдяването с храна и всички други процеси за подготовката на небесните тържества. Така, както самолетите предлагат различни услуги според класата на пътуването, нивото на обслужване и всички подготовки за тържествата са различни на всяко място за обитаване на небето.

Ако кажем, че тържествата в Новия Ерусалим са организирани от кралската фамилия или от благородно семейство, тогава тържествата в Рая могат да бъдат сравнени с тържествата, които бедните селяни правят със съседите си. Това е само алегория и не означава, че тържествата в Рая са нищожни и лошо организирани. Това означава само, че има голяма разлика между тържествата в Новия Ерусалим и тези в Рая.

Тържествата в Рая не са предназначени за един човек. Те са за всички или за определени групи. Няма управляващи ангели и хората трябва сами да подготвят всичко. Въпреки това, дори и в Рая няма зло, а само добрина и любов и затова всички се подготвят за тържествата с радост и щастие. Всеки помага на другите със старание и се радват на най-доброто. В действителност, това е вид щастие, което никога не можем да почувстваме дори и на най-луксозното парти на този свят. Колко прекрасни са тържествата в Новия Ерусалим и колко щастие носят!

Представления

Песните и танците са съществена част от тържествата на Небето, както и на тази земя. Красиви ангели танцуват елегантно или свирят на музикални инструменти и пеят песни. Има също изпълнители, които възхваляват или свирят на инструменти заедно с ангелите. Хвалебствията, танците и музикалните изпълнения на ангелите са съвършено красиви и изящни. Въпреки това, Бог приема нещо с повече задоволство от изпълненията на ангелите. Това са хвалебствията, танците и инструменталните изпълнения на Божиите деца, защото ги предлагат с разбиране на Божието сърце и с любовта си към Него.

В Новия Ерусалим има също специални видове големи и прекрасни зали за изпълнения – много по-просторни и по-красиви от Карнеги Хол или Медисън Скуеър Гардън в Ню Йорк или Операта в Сидни, в които непрекъснато има представления. Тяхната цел не е изпълнителите да покажат уменията си, а да възхваляват Бога и да доставят радост и щастие на Господ и на други хора.

В повечето случаи, участниците са онези, които са били изпълнители на тази земя и пресъздават това, което са изпълнявали на земята. Други хора не са имали възможност да участват в изпълнения на тази земя, но научават нови песни и танци за възхвала на Небето и ги представят.

Изпълнителите могат да участват в представленията само в Новия Ерусалим, Третото небесно царство, Второто или Първото небесно царство, според степента, в която са постигнали святост. Певците, танцьорите и музикантите в Новия Ерусалим са най-добрите изпълнители, които са обичани от всички хора на Небето. Всички на Небето мога да видят изпълненията им, защото тържествата или представленията в Новия Ерусалим в името на Триединния Бог, се излъчват пряко до всички небесни места за обитаване.

Видео-екранът ще бъде разположен във въздуха на най-удобна височина, за да могат да виждат и докато наблюдават предаването ще имат чувството, че са на актуалната сцена. По този начин хората в други небесни обиталища ще имат достъп до тържествата или изпълненията, проведени в Новия Ерусалим. Така, както известните личности са следвани от много почитатели на тази земя, има ангели, които отговарят за възхвалите и ги следват. Наричат ги „Господари" и се опитват да им доставят радост и щастие.

Да бъдеш обичан и обожаван от безброй ангели

В Новия Ерусалим има една жена, която се радва на голяма почит, следвана е от безброй ангели и е култивирала съвършено сърце на духа на тази земя. Това е Мария Магдалена. Тя носи прелестна рокля, дълга до земята. Косата й стига до кръста и е ослепително красива със своята корона на главата.

Мария Магдалена култивирала съвършена добрина

докато живяла на тази земя и духовната й форма издава блестяща светлина на величието. Гласът й е изпълнен със смиреност и е нежен като звука на потока на малка река. Ароматът на нейната смиреност и добрина се предава, когато говори и всички ангели и хора са впечатлени от думите й. Ето защо, понякога ангелите обикалят около Мария Магдалена и възхваляват нейния аромат на добрина.

Почетната позиция, която заема, й позволява да вижда Бога по всяко време и човек може да почувства сърцето, достойнството и светлината на Божията слава само като я погледне. Как е възможно Мария Магдалена да достигне такава почетна позиция?

Мария Магдалена срещнала Господ, излекувала се от много болести и се освободила от силата на тъмнината. Винаги била благодарна за Божието милосърдие и Му служила неизменно. Много последователи на Исус Го изоставили, когато бил разпънат на кръст, но тя имала неизменно сърце, останала с Исус до смъртта Му и дори посетила гроба Му. Накрая стояла близо до Божия трон в Новия Ерусалим.

Бог иска да сподели Своята вечна любов и да получи възхвала от Неговите истински деца, които са култивирали такова красиво сърце на добрина като Мария Магдалена.

Исая 43:21 гласи: *„Людете, които създадох за Себе Си, За да оповестяват хвалата Ми."* Бог не иска само красиви гласове, чудесна хореография или чудесен звук на музикалните инструменти, а възхвали, които идват от истински и добри сърца. Бог понякога също пее. С приятна мелодия и ритъм Той пее за удивителните неща, които направил Неговият единствен любим Син Исус или изключителни дела, представени от Светия дух.

Никой не може да имитира гласа Му, когато пее. Толкова е красив, че всички остават напълно смаяни само като го чуят веднъж. Гласът Му е толкова силен, че може да разлюлее целия свят, но не всички на Небето го чуват. Способни са да го чуят само онези, които са близо до Божия трон в Новия Ерусалим. Ето защо, желателно е да постигнем равнището на съвършен дух, да възхваляваме Бога във вечното небесно царство и да заемем славна позиция, където винаги да чуваме пеенето на Бога.

Дух, Душа и Тяло II

Част 3

преминаване отвъд границите
на човешките възможности

Контакт с Божието пространство

Да видим Бог, който е светлина

„Истина, истина ви казвам, който вярва в Мене,
делата, които върша Аз, и той ще ги върши;
защото Аз отивам при Отца."
- Йоан 14:12

Глава 1
Божието пространство

За разлика от физическото пространство,
Божието пространство е безгранично.
Ще преодолеем човешките ограничения с неограничената сила
на Бога след като станем истински Божий деца.
В Божието пространство нещата се създават от нищото,
мъртвите се съживяват и може да се направи всичко,
което Бог таи в сърцето си. Няма нищо невъзможно в това пространство.

Да притежаваме Божието пространство

Дела на творението се случват в Божието пространство

Делата, които преминават границите на времето и пространството

Придвижване в пространствата

Любов, която превъзхожда Справедливостта

Пространството е част или територия от повърхност или от област в три измерения. Може да се отнася също до безкрайното протежение на областта в три измерения, в която съществуват всички неща. В днешно време има също кибер пространство, създадено от компютрите. То е открито за всички, но хората могат да го използват в различна степен според своите познания и възможности да работят с компютри. По същия начин можем да използваме Божието пространство и да изпитаме удивителни неща, записани в Библията според степента, в която разбираме и използваме Божието пространство.

Духовното пространство не е някъде накрая на вселената, а много близо до нашето физическо пространство. Така, както гледаме навън, когато отваряме прозореца на дома ни, можем да видим духовното пространство ако отворим вратата на духовното царство.

В Библията четем за възкръсналия Господ, който се възнася на Небето пред очите на мнозина от учениците си. Деяния 1:9 гласи: *„И като изрече това, и те Го гледаха, Той се възнесе, и облак Го прие от погледа им."* Исус отишъл на небето чрез духовното пространство, което било открито на височината на образуване на облаците. Ще получим отговор на множество трудни откъси от Библията ако разберем добре духовното пространство. Ще имаме също съвършена вяра и надежда за Небето.

Изглежда, че всички хора нямат друг избор освен да живеят според своите ограничения за време и място. Ще бъдем способни да преодолеем тези ограничения ако станем истински деца на Бога. Дори и злите духове няма да ни докоснат. Накрая ще отидем в небесното царство, разположено на Третото небе, където не можел да живее дори живият дух Адам. По-нататък ще изпитаме също неограничената сила на Бога от Четвъртото небе. *„И понеже сте синове, Бог изпрати в сърцата ни Духа на Сина Си, Който вика: Авва, Отче! Затова не си вече роб, но син; и ако си син, то си Божий наследник чрез Христа"* (Галатяни 4:6-7).

Пространство и измерение в очите на Бога

Както беше споменато в Част 1 „Обширно пространство на Духовното царство", Бог разделил общото първоначално място на много пространства с различни измерения след като планирал човешката култивация. Като цяло, Той разделил пространството на четири небеса от Първото до Четвъртото небе. Първото небе е малка част в сравнение с оригиналното общо пространство. Бог създал пространствата с различни измерения според принципа, който гласи, че по-високото измерение покорява и ръководи по-ниските измерения, а по-ниските измерения се подчиняват на по-високите измерения.

Първото небе, което е физическата вселена, включително Земята, слънцето и луната и звездите, които виждаме, е първото измерение. Това е физическият свят, затова нещата се променят, загиват или умират. Второто измерение е пространството във Второто небе. Второто небе най-общо е разделено на област на светлината и област на тъмнината. В областта на светлината е Едем, където се намира Едемската градина. В нейно съседство е областта на тъмнината, където злите духове притежават властта върху въздуха.

Третото измерение е небесното царство, Третото небе. Това е мястото, където спасените Божии деца ще живеят вечно. В центъра на Новия Ерусалим, където се намира Божият трон, има различни места за обитаване, които са разграничени според индивидуалната степен на вярата. Четвъртото измерение е Четвъртото небе и това е пространството, където съществувал първоначалният Бог като светлина и глас. Това е Четвъртото небе, от което Триединният Бог управлява над всичко – Третото, Второто и Първото небе – докато показва делата на творението, които превишават границите на времето и пространството.

Загадъчното пространство в четири измерения е пространството на Бога. Това е мястото, където съществувал първоначалният Бог и то е много красиво. Никой не може да отиде в тази област, с изключение на Триединния Бог и някои хора, които имат специално разрешение от Бога.

Пространството на Бога е безкрайно и Бог в него може да да създаде неща от нищото, а съществуващите неща да изчезнат. Веществата съществуват във всякаква форма като течност, газ и твърдо тяло. Само хората с подходяща квалификация могат да влязат в тази област. Нека да разгледаме загадъчното и чудно място на Бога.

Божието сърце е пространството на Бога

Пространството, където Бог съществувал преди вековете, е невидимо за нашите очи. То било едно общо пространство, когато духовното царство и физическият свят не били разделени. Бог съществувал като красива и блестяща светлина, съдържаща благозвучен глас. Придвижвал се в цялата вселена, управлявайки над всичко останало.

Първоначалният Бог пазил цялата вселена в сърцето Си. С други думи, цялото пространство на вселената се съдържало в сърцето Му. Нека да обясня по-добре значението на думите „да пазиш пространството в сърцето си." Ще си представите вашия роден град и ще се зачудите как изглежда сега ако помните родното си място. Също така, ако помислите за някого, когото обичате и за когото си спомняте от времето, когато сте били с него, съзнанието ще ви отведеде на мястото, където сте били с него/нея.

Бога може да бъде навсякъде във вселената, преминавайки границите на времето и пространството ако го пази в сърцето Си. Ние изразяваме това свойство на Бога с израза, че е

„въздесъщ." Заради Неговата въздесъщност, Той бил способен да пази всички краища на вселената и да управлява над всичко.

Псалми 68:33 гласи: *„Който язди на небесата на небесата, които са от века; Ето, издава гласа Си, мощния Си глас."* „Язди на небесата на небесата" означава, че Бог изцяло ръководил всички пространства от Първото до Четвъртото небе. Неговият глас е могъщ, но е извън възможностите на нашия слух. Когато Бог говори със Своя първоначален глас на творението, всички неща му се подчиняват и неговата власт и величие разтърсват небесата.

Да притежаваш пространството на Бога

Бог иска Неговите любими деца да притежават пространството на Бога и също така да управляват всички пространства. Условието е да са способни да притежават това пространство, защото има правила за любов и справедливост, установени от Бога за човешката култивация. Справедливостта означава закон и принципи. Така, както има много закони за обществото и правила за шофиране, има също Божий закон и това е Божието правосъдие.

Какво означава да притежаваме пространството? Това означава да пазим пространството изцяло в сърцето си. Разбира се, да пазим пространството на Бога в нашето сърце не означава да бъдем въздесъщи като Бог. Това означава само, че ще се случат изключителни неща ако разгърнем пространството на Бога в този физически свят.

Бог разделил пространствата според неговата справедливост и любов, които са подходящи за всяко пространство. С повишаване на измерението от първото, второто, третото до четвъртото измерение, измерението на справедливостта също става по-обширно и по-дълбоко. Всяко небе се поддържа в безупречен ред. Причината всяко пространство да има различно измерение на справедливост е, че всяко небе има различно измерение на любовта. Любовта и справедливостта не могат да бъдат разделени. Колкото по-дълбоко става измерението на любовта, толкова по-дълбоко става също измерението на справедливостта.

Исус простил на жената, която извършила прелюбодейство и това бил израз на любов, превишаваща равнището на справедливост (Йоан 8). Жената била хваната на местопрестъплението да извършва прелюбодейство и хората, които я съдили с правосъдието на Първото небе, искали веднага да я убият с камъни. Исус съдил с правосъдието на Четвъртото небе и казал: *„Нито Аз те осъждам; иди си, отсега не съгрешавай вече"* (Йоан 8:11). Това била истинска любов, съдържаща се в справедливост.

Ще притежаваме пространството на Бога и да се придвижваме свободно във всички пространства, само когато изцяло притежаваме любовта и справедливостта на Бога. Тогава ще разберем също правилата на духовното царство и всички неща, които се случват в този физически свят. Исус, който нямал никакви грехове, умрял на кръста вместо грешниците. Исус притежавал любов отвъд пределите на справедливостта и представил удивителни дела на Божията сила като лечението на неизлични болести и укротяването на вятъра и вълните. Той бил способен също да чете мислите и съзнанието на хората, принадлежащи на първото измерение.

Хората в първото измерение подлежат на ограниченията на времето и физическото пространство. Ще бъдем освободени от тези ограничения според степента, в която сме култивирали сърцето си в духовно сърце, след като приемем Исус Христос и се родим отново чрез Светия дух. Врагът-дявол и Сатаната, които принадлежат на второто измерение, ще се страхуват от нас дори и физически да се намираме в първото измерение, ако станем хора на духа и на съвършен дух, който принадлежи на третото измерение, което е духовното царство.

Битие 1:28 гласи: *„И Бог ги благослови. И рече им Бог: Плодете се и се размножавайте, напълнете земята и обладайте я, и владейте над морските риби, над въздушните птици и над всяко живо същество, което се движи по земята."* Адам бил жив дух. Той бил духовно същество във Второто небе и имал властта да управлява над всичко в Първото небе.

По същия начин, ще представим Божията сила, която принадлежи на Четвъртото небе и преминава човешките ограничения ако притежаваме справедливостта и любовта на Бога, които принадлежат на Четвъртото небе. Ето защо Исус обещал в Йоан 14:12: *„Истина, истина ви казвам, който вярва в Мене, делата, които върша Аз, и той ще ги* *върши; защото Аз отивам при Отца."*

Дела на творението се случват в Божието пространство

Можем да постигнем всичко, което желаем в Божието пространство и преди всичко – дела на творението. Делото на творението било, когато Бог създал небесата, земята и всички неща в тях. Исус също представил дела на творението, защото притежавал Божието пространство. Един от най-добрите примери е първото Му знамение в Неговото духовенство, което било да превърне виното във вода.

Един ден отишъл на сватбено тържество, където се свършило виното. Дева Мария изпитала съжаление към домакина и казала на Исус да му помогне. Отначало изглеждало, че отказал да изпълни молбата й, но Мария не се разочаровала и показала неизменната си вяра. Тя познавала много добре Исус и знаела, че бил повече от способен да превърне водата във вино. Мария вярвала, че вече била получила отговор от Исус и казала на прислугата да направят всичко, което Исус им каже.

Исус видял вярата на Мария и казал на прислугата да напълнят съдовете с вода. След като напълнили шестте стомни с вода, Исус им казал да вземат няколко и да ги занесат при водния поток. Прислугата занесла стомните при потока и водата вече се превърнала във вино. Само като ги пазил в сърцето си, водата в шестте стомни се превърнала във вино.

В пространството на Бога такова дело на творението може да се случи само като го пазим в сърцето си. Разбира се, Исус показал такова дело на творението, когато било уместно според Божията справедливост и не по всяко време. Знамението се изпълнило, защото съвършената вяра на Мария била достатъчна, за да изпълни справедливостта на Бога.

Исус нахранил хиляди хора с пет самуна хляб и две риби и друг път – със седем самуна и две риби. Каква била изискваната Божия справедливост за това знамение? *„А Исус повика учениците Си и рече: Жално Ми е за народа, защото три дни вече седят при Мене и нямат що да ядат; а не искам да ги разпусна гладни, да не би да им премалее по пътя"* (Матей 15:32).

Хиляди хора останали с Исус в продължение на три последователни дни, желаейки да чуят посланията Му. Те слушали Исус и се радвали заедно при излекуването на болни хора. Вярата им в Исус била съвършена поне за този момент. Тяхната вяра била допълнена с любовта на Исус и изпълнила справедливостта на Бога да направи възможно делото на творението.

Вдовицата от Сарепта изпитала делото на творението

Подобно дело на творението е споменато също в 1 Царе 17. Когато Илия отишъл в Сидон и срещнал вдовицата от

Сарепта в подчинение на Божието слово, тя живяла в пълна бедност. Нямала никаква храна заради продължителна суша. Имала само шепа брашно и малко масло. Илия й казал да изпече хляб с малкото количество храна, което имала и я благословил: *„Защото така казва Господ Израилевият Бог: Делвата с брашното няма да се изпразни, нито стомната с маслото ще намалее, до деня, когато Господ даде дъжд на земята“* (3 Царе 17:14).

Когато чула това, вдовицата от Сарепта не потърсила извинения, а се подчинила. Реално погледнато нямала друг избор. Този мъж искал малкото храна, която й оставала и тя щяла да умре от глад след като свърши. Можела да помисли, че бил нахален, но не го направила. Бог трогнал сърцето й, показал й, че бил човек на Бога и тя изпълнила, каквото й казал.

Каква благословия получила в резултат на това? 3 Царе 17:15-16 гласи: *„И тя отиде та стори според каквото каза Илия; и тя и той и домът й ядоха много дни. Делвата с брашното не се изпразни, нито стомната с маслото намаля, според словото, което Господ говори чрез Илия.“*

„Много дни“ тук не означава само няколко дни, а дълъг период от време. Неизпразващата се делва с брашно и ненамаляващото масло са дела на творението. Как било възможно Илия да представи такова дело на творението, което може да се представи само в пространството на Бога?

Илия не притежавал пространството на Бог, но поне в този момент, той прочел и получил сърцето и волята на Бога в ограничена степен. „В ограничена степен“ тук означава, че той прочел сърцето на Бога за определено нещо за определен момент от времето. Понякога Бог позволява на хората да прочетат сърцето Му, за да изпълнят волята Му.

Елисей получил два пъти повече от вдъхновението на неговия учител Илия, но Бог не му обяснил причината и той не знаел изобщо защо сунамката била с огорчено сърце. Тя родила син, защото служила с всички усилия на Елисей, сина на Бога. Детето й изведнъж умряло и когато това станало, тя веднага отишла при Елисей. Той не знаел какво се случило, докато не му разказала. *„А когато дойде при Божия човек на планината, хвана се за нозете му; а Гиезий се приближи, за да я оттласне. Но Божият човек рече: Остави я, защото душата й е преогорчена в нея: а Господ е скрил причината от мене, и не ми я е явил"* (4 Царе 4:27).

Много е важно да култивираме сърцето на съвършен дух, да вярваме на Бог и да Му се подчиним напълно, за да разберем Божието сърце и да използваме Неговото пространство. Причината, заради която пророци като Илия, Авраам, Моисей и Павел използвали пространството на Бога, била, че имали сърце на съвършен дух. Когато Бог им заповядал да направят нещо, те разбрали Божието намерение, заложено в тази заповед. Почувствали как Бог би действал, представили си го в съзнанието и имали духовна увереност.

Илия смело провъзгласил живия Бог и докарал огън от

небето, защото чувствал в сърцето си какво щял да направи Той. Същото било, когато помолил вдовицата от Сарепта да му даде последната си храна. Ще изпълним дори нещата, които изглеждат напълно безсмислени и когато правим това, то ще бъде направено, както Бог казал ако имаме пълно доверие в Бога. Делото на творението се изпълнило за вдовицата, защото, както тя, така и Илия постигнали равнището на Божията справедливост.

Вдовицата имала доверие на Божия човек Елисей и повярвала на думите му сякаш били самото слово на Бога. Тя изпълнила думите му без колебание и без да използва човешкия начин на мислене. По този начин участвала в пространството на Бога, което Елисей използвал.

2 Летописи 20:20 гласи:

„Слушайте ме, Юдо и вие ерусалимски жители; вярвайте в Господа вашия Бог, и ще се утвърдите; вярвайте пророците Му, и ще имате добър успех."

Елисей използвал Божието пространство, което принадлежи само на Бога като Му се доверил напълно. Вдовицата изцяло повярвала на Елисей и в последствие Божието пространство ги обгърнало и видяли делото на творението. Както в горепосочения случай, Бог покрива хората с Божието пространство ако с вяра и подчинение се обединят с Божиите хора, които използват пространството Му.

Тримата приятели на Данаил останали невредими в пещта

Трима приятели на Данаил били захвърлени в пещта, само защото не искали да идолопоклонстват. Пещта била седем пъти по-гореща от обикновено и войниците, които се доближили, за да ги хвърлят вътре, се изгорили до смърт. Очевидно, тримата също трябвало да изгорят до смърт. Какво се случило в действителност?

Данаил 3:24-25 гласи: *„Тогава цар Навуходоносор ужасен, стана бърже, и като продума рече на съветниците си: Не хвърлихме ли всред огъня трима мъже вързани? Те отговаряйки рекоха на царя: Вярно е, царю. В отговор той рече: Ето, виждам четирима мъже развързани, които ходят всред огъня, без да имат някаква повреда; и по изгледа си четвъртият прилича на син на боговете.“*

Разбира се, трима души били захвърлени в пещта, но там имало четирима души. Кралят помислил, че един от тях бил като син на боговете. Хората не могат да виждат духовни същества, но Бог отворил духовните очи на царя и му позволил да види духовното същество, което било там. След като тримата приятели излезли от пещта, хората видяли, че огънят изобщо не им навредил, косите им не били обгорени, панталоните им били цели и не миришели на огън (Данаил 3:27).

Как могло да се случи такова нещо? Причината, заради която тримата приятели на Данаил били предпазени, била защото Божието пространство ги покривало. Можем да заключим това от израза, че ги придружавал човек „като син на боговете". Разбира се, това не били богове, а само единственият Господ, но Навуходоносор казал това, защото вярвал в езически богове.

Кой бил този „син на боговете"? Това бил Бог Светият дух. Самият Бог Светият дух слязъл долу с тях и Божието пространство покрило това физическо пространство.

Моисей превърнал горчивата вода в Мара в сладка вода

Изход глава 15 представя сцена, в която горчивата вода на Мара се превърнала в сладка вода и това също е събитие, извършено в Божието пространство. Синовете на Израел пресякли Червено море, навлязли в пустинята и не могли да намерят никаква вода в продължение на три дни. Водата, която открили в Мара, била горчива и не ставала за пиене. Сега се оплаквали от Моисей. Моисей за молил и Бог му показал едно дърво. Той хвърлил дървото във водата и тя станала сладка. Възможно ли е дървото да е съдържало елементи, които променили вкуса на водата? Не. Бог покрил тази вода с Божието пространство и представил дело на творението, вземайки в предвид вярата и покорността на Моисей.

Същият вид дело на творението било представено в нашата църква за голяма прослава на Бога. Молих се в Сеул горчивата вода в Муан да стане сладка и получих отговор на молитвата ми.

Водата беше от кладенец в църквата Муан на Манмин, която се намира в Хиджи Мион, Муан Гуун, провинция Джионам. Изцяло е заобградена от море и когато изкопали кладенец, могли да получат само солена морска вода. Инсталирали тръбопроводна линия от място, разположено на 3 км, за да получат прясна вода, но все още нямали питейна вода. Членовете на църквата Муан на Манмин си спомниха за знамението, представено в Мара, вярваха, че може да им се случи същото нещо и се молиха. Те ме помолиха многократно да дойда в Муан и да отправя молитва солената вода да се превърне в сладка.

През февруари 2000 г., провеждах десет-дневна молитвена сесия в планината и се молих специално за църквата Муан на Манмин. По това време членовете на църквата Муан също постиха, молиха се за мен и за църквата и в продължение на десет дни виждаха кръгли дъги над нея.

След като завърших планинската молитва, бях вдъхновен от Светия дух да се моля солената вода в Муан да се превърне в сладка. Не отидох в Муан, за да се моля лично за кладенците, но Бог действа, преминавайки границите на времето и пространството, за да превърне солената вода в сладка.

Моята молитва и вярата на членовете на църквата Муан изпълниха справедливостта на Бога и направиха възможно това дело на творението. Дори и днес, от кладенеца на църквата Муан на Манмин извира сладка вода, защото е покрит от пространството на Създателя Бог. Сладката вода на Муан беше тествана от Американската администрация по храните и лекарствата и беше доказано, че е здравословна вода, богата на минерали. Чрез водата се случват също множество изцеления и пътуванията на поклонници до църквата никога не спират.

Мъртвите са съживени

Пространството на Бога не само може да покаже делото на творението, но и да ръководи живота и смъртта. То може да съживи мъртвите или да убие живите. Предназначено е за всичко, което има живот – растения или животни.

В Числа глава 17 пише за жезъла на Аарон, който процъфтял. Това било възможно, защото бил покрит с пространството на Бога. По сухия жезъл израстнали пъпки, цъфнал и и след един ден завързал зрели бадеми. Дори и за живо дърво, щяло да отнеме месеци, за да се случи това, но то се случило в един ден и сухият жезъл родил плодове. Това било възможно, защото въжето било покрито от Божието пространство.

Смокиновото дърво бързо умряло, когато Исус го проклел и това също станало възможно, защото дървото било покрито от Божието пространство. *„И като видя една смоковница край пътя, дойде при нея, но не намери нищо на нея, само едни листа; и рече й: Отсега нататък да няма плод от тебе до века. И смоковницата изсъхна на часа. И учениците, които видяха това, почудиха се и рекоха: Как на часа изсъхна смоковницата?"* (Матей 21:19-20)

Такъв бил случаят също, когато Исус съживил мъртвия Лазар. В Йоан, глава 11, четем, че Лазар бил мъртъв в продължение на четири дни и тялото миришело лошо. Въпреки това, Исус го повикал, духът му се завърнал и мъртвото му тяло се съживило. Дори и невъзможното във физическото пространство може да стане възможно в един миг в пространството на Бога.

Един тийнейджър в църквата ни беше ослепял с едното око, но зрението му беше възстановено. Той беше претърпял операция на катаракта на три-годишна вързаст, но като страничен ефект страдаше от тежка форма на увеит и откъсване на ретината. Ретината му се беше откъснала от очната стена и не можеше да вижда добре. Отгоре на всичко, имаше phthisis bulbi или свиване на очната ябълка. Постепенно напълно загуби зрението си с лявото око през 2006 г.

През юли, 2007 г., той възстанови зрението си с молитва. Лявото му око беше безчувствено към светлината, но доби 0.1 зрение. Свитата очна ябълка също възстанови нормалния си размер. Освен това, дясното му око имаше 0.1 зрение, но се подобри на 0.9. Този случай беше представен заедно с подробна медицинска документация на повече от 220 лекари от 41 страни на Петата международна християнска медицинска конференция, проведена в Норвегия и беше избран като най-впечатлителният случай сред няколко други случая, показани на конференцията.

Същият принцип се отнася за всички други органи, тъкани или нерви. Дори и ако нервите, клетките и тъканите са мъртви заради инциденти или заболявания, могат да станат нормални ако са покрити с Божието пространство. Дори инвалидите ще бъдат възстановени в Божието пространство. Освен това, болестите, които са причинени от микроби или вируси като рак, СПИН, туберкулоза, настинка или треска, ще бъдат излекувани в Божието пространство.

В случаите с болестите, огънят на Светия дух идва и първо изгаря микробите или вирусите. След това се възстановява частта от тялото, която е увредена от болестта. Дори бездетните двойки могат да успеят в зачеването ако проблемната част от тялото е покрита с Божието пространство и се възстанови. Всеки трябва да отговаря на изискванията на Божието правосъдие, за да може да бъде излекуван от болести и недъзи в Божието пространство.

Делата, които преминават границите на времето и пространството

Делата на силата, представени в пространството на Бога, могат да бъдат извършени, преминавайки ограниченията на времето и пространството. Това е възможно, защото Божието пространство покорява и преминава границите на други измерения. Псалми 19:4 гласи: *„Тяхната вест е излязла по цялата земя, И думите им до краищата на вселената. В тях Той постави шатър за слънцето."* Това означава, че думите на Бога, изговорени от Четвъртото небе, преминават до края на света.

Дори и голямо разстояние в Първото небе, физическото пространство, виртуално е същото сякаш няма разстояние в Божието пространство. Светлината пътува около Земята седем и половина пъти в секунда, но светлината на Божията сила може да достигне не само края на Земята, но и края на вселената с едно мигване на окото. Физическото разстояние няма значение в Божието пространство.

В Матей глава 8, стотникът отишъл при Исус и Го помолил да излекува един от неговите прислужници. Исус предложил да го придружи, но той отвърнал: *„Господи, не съм достоен да влезеш под стряхата ми; но кажи само една дума, и слугата ми ще оздравее"* (стих 8). Исус му отговорил: *„Иди си; както си повярвал, така нека ти бъде"* И слугата оздравял в същия час (стих 13).

Болният човек бил излекуван докато бил на друго място, когато Исус заповядал това с думите Си, защото притежавал Божието пространство. Стотникът получил тази благословия, защото показал пълна вяра в Исус, който я коментирал с думите: *„Истина ви казвам, нито в Израиля съм намерил толкова вяра"* (стих 10).

Бог винаги показва делата на силата Си, преминаващи времето и пространството, на онези деца, които са обединени с Него с вяра. Синтия в Пакистан умирала от чревно запушване и целиаза. Сестрата на Синтия била в Корея по това време и ми донесе нейна снимка, за да се помоля за нея. Изцелението се случи, преодолявайки границите на времето и пространството. В Съединените Американски Щати, Робърт Джонсън също получи изцеление, превишаващо времето и пространството. Той имаше разкъсано ахилесово сухожилие заради падане и не можеше да върви заради силна болка. Бяха му казали, че е необходима операция, за да се излекува, но след като носи гипс, той се възстанови напълно и без хирургична намеса, само за девет седмици чрез молитва, направена за него в Корея. Това беше дело на Божията сила, представено в Божието пространство.

Изключителни дела на апостол Павел

В Деяния глава 19, Бог изпълнил изключителни чудеса чрез ръцете на апостол Павел. Злите духове си отишли и се случили изцеления, когато заповядал в името на Исус Христос, дори с кърпички или престилки, които били докоснати до Него. Той не пострадал от ухапването на отровна змия и също така пророкувал *„При това Бог вършеше особени велики дела чрез ръцете на Павла; дотолкоз щото, когато носеха по болните кърпи или престилки от неговото тяло, болестите се отмахваха от тях, и злите духове излизаха"* (Деяния 19:11-12).

По същия начин, мощните дела на Бога могат да се случат дори и чрез предмети като кърпички в Божието пространство. Колко удивително! Има много изцеления, които се случват и чрез кърпичките, на които аз се моля. Божията сила никога не изчезва и не се губи независимо от течението на времето, стига да не е нарушена Божията справедливост. Следователно, кърпичките, които съдържат Божията сила, са нещо много ценно, защото могат да отворят Божието пространство, независимо от времето и от мястото.

Въпреки това, Божието дело няма да се представи ако те се използват по неправеден начин от човек, който не притежава вяра. Не само този, който се моли с кърпичката, но и този, за когото се молят, трябва да отговаря на изискванията за Божията справедливост. Двете страни трябва да вярват, че Божията сила действително се съдържа в кърпичката. Вярата на този, който се моли за болния човек и вярата на болния строго ще бъдат измерени и Божието дело ще бъде представено според степента, в която съответстват на Божията справедливост.

Исус Навиев спрял слънцето и луната

Причината, заради която по-високите измерения могат да покорят по-ниските е, че силата на светлината и потокът на времето са различни. Колкото по-високо е измерението на пространството, толкова по-ярка е светлината и по-бързо тече времето. Светлината на Четвъртото небе е най-ярка и следва Третото и Второто небе.

Що се отнася до потока от време, той тече по-бързо

във Второто небе, отколкото в Първото и още по-бързо в Третото небе. На Четвъртото небе потокът от време може да тече по-бързо или по-бавно. Скоростта ще се определя от Бога. Бог може да го ускори, да го забави или дори да го спре.

Делата на творението, мъртвите, които се съживяват и божествените изцеления, които преминават ограниченията на времето и пространството, са възможни, когато е спрял потокът от време. Ето защо, специфичното събитие може да се случи непосредствено, когато го пазим в сърцето си или веднага след издаването на заповедта.

Слънцето и небето застинали и това било „забавяне на потока от време", когато Исус Навиев участвал в битка с аморейците. Исус Навин 10:13 гласи: *„И слънцето застана и луната се спря, догдето мъздовъздадоха людете на неприятелите си. Това не е ли записано в Книгата на Праведния? Слънцето застана всред небето, и не побърза да дойде почти цял ден."* Това се случило, когато Исус Навиев участвал в битка срещу амореите по време на завладяването на Ханаанската земя. Кои са факторите, които могат да накарат слънцето да застине през целия ден на първото небе?

Земята трябва да се завърти около себе си един път на ден и за да спре слънцето, Земята също трябва да спре да се върти. Последствията ще бъдат огромни не само за самата Земя, но и за много други небесни тела, ако спре да се върти, дори и за момент. Как може слънцето да спре през целия ден?

Можем да намерим отговора в пространството на Бога. В този момент, Бог покрил не само земята, но и цялото първо небе с Божието пространство. Така, поне за този момент, всичко в първото небе било в синхрон с потока от време в духовното царство. Това представлявал забавеният поток от време. Слънцето застинало за целия ден и хората сигурно са имали усещането, че е минало много време. В действителност, това може да е било само една минута или дори една секунда.

По онова време, цялото първо небе подлежало на потока от време на духовното царство, затова изобщо не съществувал физическият поток на времето. Няма да има никакъв проблем ако с Божието пространство е покрита само конкретна част от първото небе и не цялото първо небе, защото другите части на физическото пространство все още ще бъдат под влияние на потока от време на физическото пространство.

Илия тичал по-бързо от колесницата на царя

В Библията можем да видим пример, когато някой се намира в ускорения поток от време. Това бил случаят, когато Илия тичал пред колесницата на Цар Ахаав, който е записан в 3 Царе 18. Ускореният поток от време е противоположността на забавения поток от време. Представете си, че човек е покрит от пространството на четвъртото измерение за един час от физическото време.

В Божието пространство, той може да ускори този час, както иска. Ако го ускори на 30 минути, това не означава, че останалите 30 минути ще изчезнат. Това означава, че един час е компресиран в 30 минути.

Например, представете си, че обличате дреха, дълга 100 метра и тичате от единия до другия край, което ви отнема 20 секунди. Колко време ще ви отнеме ако сгънете дрехата на две? Тя ще бъде дълга 50 метра, следователно ще отнеме около 10 секунди. Дължината на дрехата намалява и времето се ускорява ако прегънете роклята отново, но тя не изчезва.

Подобно нещо се случва с ускоряване на времето в Божието пространство. Илия тичал с неговото темпо, но можел да тича по-бързо от колесницата на царя, защото се намирал в ускорения поток от време. Обикновено, търговските самолети летят със скорост от около 900км, но пътниците в самолета не усещат скоростта.

3 Царе 18:46 гласи: *„И Господната ръка, бидейки върху Илия, той стегна кръста си, та се завтече пред Ахаава до входа на Езраел."* Цар Ахаав бързал в своята колесница, за да избегне дъжда, а Илия тичал по-бързо от колесницата. Той можел да тича по-бързо от колесницата, защото използвал Божието пространство, което няма ограничения във времето и пространството. Библията казва, че „Господната ръка била върху Илия." С Божията сила, тялото на Илия било покрито с Неговата сила и се случило нещо извън човешките възможности.

Придвижване в духовното пространство

В Деяния, глава 8, Филип получил ръководството на Светия дух, за да срещне етиопския евнух по пътя към Ерусалим. Той проповядвал евангелието на Исус Христос на този евнух и дори го кръстил. Филип се намирал в пустинята по пътя за Газа, но за момент се намерил в Азот. Това в действителност било движение в духовното пространство, подобно на телепортирането. *„А когато излязоха из водата, Господният Дух грабна Филипа; и скопецът вече не го видя, защото възрадван продължи пътя си. А Филип се намери в Азот; и, като преминаваше, проповядваше благовестието по всичките градове докле стигна в Кесария"* (Деяния 8:39-40).

За да се случи телепортацията, човек трябва да премине през духовния коридор, който е образуван от Божието пространство. Тъй като потокът от време спира в този духовен коридор, човек може да бъде телепортиран.

Бог позволи на нашите църковни членове косвено да изпитат този вид придвижване в духовното пространство чрез водните кончета. Водните кончета, които се намираха в други области, дойдоха където бяхме ние и изчезнаха през духовния коридор, образуван от пространството на Бога.

Рояци от водни кончета се появиха там, където бяхме на лятна мисия и изяждаха комарите и други вредни насекоми. По онова време, възрастните водни кончета се придвижваха от едно място на друго. Беше 2006 г., когато придвижването на водни кончета по този начин се случи за първи път. То може да се определи като хоризонтално и вертикално движение според вида на духовния коридор.

Това, което е по-удивително е, че водните кончета не се страхува, когато църковните членове ги повикаха, а седяха на върховете на пръстите и по други части от телата им. Водните кончета са полезни, защото се хранят с вредни насекоми през лятото. Спомням си, че в детските ми години беше много трудно да хванеш едно водно конче. Те изчезваха веднага при най-малкото усещане за човешко присъствие. Много е трудно от известно време да се види водно конче в Сеул и появата на рояк от водни кончета определено беше Божие дело.

На следващата година, 2007, водните кончета започнаха да се появяват в началото на месец юли. Обикновено се появяват от края на лятото до есента. Ларвите им преминаваха през духовния коридор и съзряваха, за да станат големи кончета. Растежът им се ускоряваше, когато преминаваха през пространството на четвъртото измерение. Ето защо, водните кончета през тази година можеха да се появят много по-рано от обичайното.

Освен това, през 2008 г. беше контролирано не само времето на тяхното появяване, но и броят им. Безкрайни рояци от водни кончета започнаха да падат от небето през първата седмица на юли. Няколко мисионерски групи на нашата църква бяха на лятно оттегляне за молитва в различни места на Южна Корея и всички църковни членове станаха свидетели на водните кончета, които се спускаха надолу от слънцето. Водните кончета не се преместиха на други места. Те слязоха долу, останаха в областите, където се спуснаха и можеха да бъдат видяни по ръцете, лицата или по раменете на църковните членове.

Темата на лятното оттегляне за молитва през онази година беше „Духовно пространство" и радостта на вярващите беше огромна. Те можаха да разберат посланието, имайки реален пример с водните кончета, които се придвижваха през духовното пространство и отиваха към тях. По време на това оттегляне, вярата на църковните членове нарастна на по-високо равнище. Това се случи за всички църковни филиали не само в Корея, но и в целия свят.

Също събитие се наблюдава през лятото на 2009 г. Всяка мисионерска група имаше своето лятно оттегляне за молитва и се появиха повече водни кончета от предходните години. Вярващите видяха десетки хиляди водни кончета, които се спускаха от слънцето през духовното пространство, което беше отворено. Те блестяха докато се спускаха надолу от небето и изглеждаха като снежинки.

Духовен коридор се образувал за синовете на Израел, когато пресичали Червено море, което било разделено от силни ветрове. Колко силни трябвало да бъдат ветровете, за да могат да разделят морето! Един човек не би могъл да стои изправен сред такива ветрове, но повече от два милиона израелтяни спокойно минали през ветровете. Така е, защото се формира духовен коридор, който защитава хората от силата на ветровете. Какво се случило, когато пресекли река Йордан, за да идат на Ханаанската земя?

Исус Навин 3:15-16 гласи: *„И щом дойдоха до Иордан ония, които носеха ковчега, и нозете на свещениците, които носеха ковчега, се намокриха в края на водата, (защото Иордан наводнява всичките си брегове през цялото време на жетвата), водата, която слизаше от горе застана и се издигна на куп много надалеч, при града Адам, който е край Царетан; а водата, която течеше надолу към полското море, тоест, Соленото море, се свърши и изчезна; и людете преминаха срещу Ерихон."*

От мястото, където били синовете на Израел, водата се издигнала на куп, а водата, която течала надолу, изчезнала. По това време се формирало духовно пространство, подобно на язовирна стена.

Различни начини, по които се използват духовните коридори

Възможно е да контролираме и метеорологичните условия ако знаем добре да използваме този духовен коридор. Например, представете си, че са засегнати две конкретни области, едната от суша и другата от наводнение. В този случай може да разрешим проблема на двата района, ако придвижим облаците от наводнената област в областта на сушата.

Неочакваният дъжд в Израел е такъв подобен пример.

През септември, 2009 г. аз се молих за нещо конкретно, докато се подготвях за мисия в Израел. Израел минаваше през труден период поради тежка петгодишна суша. Пасторите в Израел обясниха ситуацията си и ме помолиха да се моля за нейното разрешаване.

Трябва да се спазят някои условия, за да се отговори на подобно искане от национално значение. Президентът или равностойни на него лидери трябва да поискат молитвата с вяра или по-голяма част от хората трябва да отправят искане за молитва с вяра. Изпитвах голямо съжаление за ситуацията им и се молих на първия и втория ден от мисията, за да завали в Израел и да свърши сушата.

Какъв беше резултатът? Дъждовният и сухият сезон в Израел са ясно разграничени. Септември е сух месец, когато рядко вали. Понякога може да преваляна в края на октомври и действителният дъждовен сезон продължава от декември до февруари на следващата година. Също така, заради дългата суша, равнището на Галилейско море спаднало под нивото на червената линия, която е 208 метра. Това е най-ниското равнище, при което водата повече не може да бъде оттеглена от морето.

Един ден, след завършване на мисията, в северната част на Израел заваля дъжд. На 13 септември, в неделя, в Ерусалим също валя много, както и в Тел Авив. Пасторите в Израел се радваха и възхваляваха Бога, казвайки, че е заваляло благодарение на молитвата ми. Това не беше всичко. През следващата седмица паднаха още повече дъждове и отделът за водни ресурси в Израел съобщи, че количеството на валежите, паднали само за два дни, било същото като общото количество на валежите през септември и октомври. Това не било възможно според Божието правосъдие, но Бог чул молитвата и преминавайки отвъд справедливостта позволил да имат дъжд.

По света има също много тайфуни и урагани, които причиняват бедствия. Няма да има никакви проблеми ако можем да преместим движението на тайфуните или ураганите в ненаселени области.

Два тайфуна наближаваха Филипините, когато отидох там за мисията през 200 г. 16^{тия} тайфун „Нейри" и 19^{тия} тайфун „Лекима" наближаваха Филипините със силни урагани ветрове. Нямаше да бъдем в състояние да проведем мисията ако тайфуните бяха преминали по предвидените маршрути. По време на пресконференцията на мястото, репортерите ме попитаха дали мисията щеше да бъде възможна заради тайфуните.

Тогава отговорих: „Тайфуните ще стихнат или ще променят посоката си. Няма да има никакъв тайфун или дъжд по време на мисията, затова, моля, опитайте се да дойдете." Нейри стихна точно преди мисията и Лекима изведнъж промени посоката си, подминавайки Филипините. Бяхме способни да проведем мисията без никакви проблеми.

Можем да спрем не само тайфуните, но и природни бедствия, като вулканични изригвания или земетресения ако използваме духовното пространство. Можем просто да покрием с Божието пространство източника на вулканичното изригване или земетресението и тези неща ще станат възможни, когато това е правилно според Божието правосъдие. Например, държавният ръководител трябва да поиска молитва, за да спрем бедствие, което причинява щети на национално равнище. Също така, дори и духовното пространство да е отворено, правосъдието на първото небе не може изцяло да се пренебрегне. Работата на духовното пространство ще бъде ограничена според степента, в която няма да има объркване на първото небе след повдигане на духовното пространство. Бог управлява всички небеса с Неговата въздесъщност и Той е Бог на любовта и на справедливостта.

Любов, която превъзхожда справедливостта

В Битие глава 18 четем, че Бог предсказал на Авраам какво щяло да се случи с порочните Содом и Гомор. *„И рече Господ: Понеже викът на Содома и Гомор е силен и, понеже грехът им е твърде тежък, ще сляза сега и ще видя дали са сторили напълно според вика, който стигна до Мене; и ако не, ще узная"* (Битие 18:20-21).

Содом и Гомор трябвало да бъдат наказани за греховете си според правилата на справедливостта, но Бог позволил на Авраам да научи това предварително, защото там живял племенникът му Лот. Божието сърце искало да им даде още една възможност. Това е любовта и справедливостта на Бога.

Тогава Авраам помолил Бога пет пъти да спаси Содом. Отначало, той помолил да не го унищожава ако там имало петдесет праведни мъже, след това четиридесет и пет, след това четиридесет, тридесет, двадесет и накрая броят им бил сведен едва на десет. *„Тогава Авраам рече: Да се не разгневи Господ и аз ще продумам пак, само тоя път. Може да се намерят там десет. И той каза: Заради десетте няма да го погуби"* (Битие 18:32).

Като обикновено творение, Авраам молил Бога много смело. Това ни показва, че притежавал сърцето на Господ и станал едно с Бога. Молил се с ревностна любов, за да трогне сърцето на Бога и да спаси хората. Бог бил трогнат от любовта му и обещал да направи, каквото искал.

Бог действа с любов в границите на справедливостта. Ето защо, Той искал да покаже милосърдие и състрадание дори когато наказвал Содом и Гомор и дал още една възможност с любов, която преминавала границите на справедливостта чрез молитвата на праведния човек Авраам.

Содом и Гомор накрая били наказани, защото сред тях нямало дори и десет праведни хора, но племенникът на Авраам Лот и семейството му били спасени. Това било, защото Лот бил на мястото на Авраам, когото Бог много обичал. С други думи, тъй като Бог обичал Авраам толкова много, Бог покрил Лот и семейството му с духовно пространство, мислейки за Авраам.

Както беше обяснено, всичко може да се контролира в любовта и справедливостта на Бога в Божието пространство. Любовта превъзхожда справедливостта без да я нарушава. За да може това да се случи, човек трябва да култивира сърце в съответствие със справедливостта на Четвъртото небе. По-конкретно, когато човек е култивирал сърцето, което е едно с Божието сърце, той може да представи делата на Бога, които преминават границите на справедливостта на Четвъртото небе, без да я нарушават.

Проблемът е как човек може да култивира сърцето на Бога. Докато това стане, само с вяра и с любов човек трябва да преодолее ужасни изпитания, които са невъобразими за хората. Той трябва да заплати цената в съответствие с Божията справедливост, преминавайки всеки етап в изпитанията, докато има право да използва Божието пространство, след като е научил за справедливостта на Четвъртото небе.

Авраам също преминал през много проверки и изпитания докато бил наречен „приятел на Бога." Когато станал на седемдесет и пет години, Бог му казал, че ще създаде велика нация, но повече от двадесет години не създал дете. Когато станал на деветдесет и девет години, Сара била на осемдесет и девет и не можела да има дете, Бог накрая му казал, че щял да има син на следващата година.

Това било напълно невъзможно според човешките знания, но Авраам се доверил на Бога и никога не се усъмнил. Бог признал вярата му за праведна и тъй като вярвал, създал Исаак. Когато Исаак пораснал и станал прекрасен, Бог казал на Авраам да го принесе в жертва на всеизгаряне. Авраам вярвал, че Бог щял да го съживи дори и да го принесе в жертва на всеизгаряне, защото Бог вече му казал, че ще има много потомци чрез Исаак. Той бил способен да отдаде своя единствен син Исаак без никакво колебание, защото истински почитал Бога.

След като Авраам преминал всички проверки и изпитания, Бог го нарекъл „приятел на хората" и го посочил като „баща на вярата." След последното изпитание, когато трябвало да отдаде своя единствен син Исаак в жертва на всеизгаряне, той получил всички благословии, които човек може да получи като деца, здраве, богатство и дълъг живот.

Бог търси истински деца, които могат да получат благословии и да поведат голям брой души по пътя на спасението чрез молитва с вяра и любов, каквито имал Авраам. Бог ни показва дела на творението, контролирайки живота и смъртта и дела, които преминават ограниченията на времето и пространството, защото иска истински деца, които притежават Божието сърце.

Битие 18:17-19 гласи: *„И Господ рече: Да скрия ли от Авраама това, което ще сторя, тъй като Авраам непременно ще стане велик и силен народ и чрез него ще се благословят всичките народи на земята? Защото съм го избрал, за да заповяда на чадата си и на дома си след себе си да пазят Господния път, като вършат правда и правосъдие, за да направи Господ да стане с Авраама* *онова, което е говорил за него."*

Можем да разберем множество събития в Библията в по-голяма дълбочина, както и да ги изпитаме в живота си, ако успеем да разберем основните принципи на Божието пространство, които са обяснени тук. Можем да преодолеем човешките ограничения ако станем истински Божий деца като вярваме в Бога и възстановим Неговия загубен образ. Поради тази причина, възкръсналият Господ Исус ни дал загубеното слово преди да се възнесе на небето. *„Но ще приемете сила, когато дойде върху вас Светият Дух, и ще бъдете свидетели за Мене както в Ерусалим, тъй и в цяла Юдея и Самария, и до края на земята"* (Деяния 1:8).

Какъв е най-лесният начин да получим Божията сила и да станем свидетели на Господ? Това е да осветим сърцето си, да се молим страстно, за да станем хора на съвършен дух и да можем да използваме Божието пространство. Освен това, трябва да се стремим да култивираме напълно Божията справедливост и любов, за да наследим най-красивото небесно място за обитаване, Новия Ерусалим и дори Божието пространство.

Глава 2
Божият образ

Човек може да възстанови загубения образ
на Бога след като стане истинско Божие дете, което има сърцето на Бога.
Това не означава, че той може да стане като самия Бог.
Бог може да съществува просто като светлина без никаква форма или
да придобие определена форма.

Бог създал форма за човешката култивация

Човек е създаден по подобие на Бога

Не може пряко да видим лицето на Бога

Размер на Божията форма

Божият образ в очите на апостол Йоан

Притежаване на божествена природа

Какъв външен вид има Бог? Колко е голям? Човек изпитва любопитство за Божия образ и за небесното царство, когато приеме Исус Христос и научи повече за Бога. Децата ще обичат своите родители и ще им липсват много, когато са отделени от тях за дълго време. Подобно нещо се случва, когато търсим Бога и копнеем за Него дълбоко в природата ни.

Матей 5:8 гласи: *„Блажени чистите по сърце, защото те ще видят Бога."* Да бъдем „чисти по сърце" означава да не мислим за незначителни неща, а да бъдем чисти и праведни в истината. Това е безгрешно и непорочно сърце, с което не мислим нищо лошо или грубо. Написано е, че чистите по сърце ще видят Бога. Какво означава това? Това не означава, че те ще видят самата същност на Бога. Това означава, че ще изпитат Бога като получат всичко, което искат от Него.

Това не означава, че хората никога не могат да видят Божия образ. Това означава само, че не могат пряко да видят лицето Му (Изход 33:20). Бог е дух, затова не можем изцяло да опознаем Божия образ, защото не сме способни да Го видим пряко. Въпреки това, Бог казва, че сме създадени по

Негов образ, затова можем да заключим, че имаме нещо общо с Него на външен вид. Можем да си представим как изглежда Бог от Библията, което е Откровение.

Бог създал форма за човешката култивация

В Изход 3:14 Бог описва Себе Си по следния начин: *„Аз съм Оня, Който съм."* Той е съвършеното същество, което съществува само от времената преди вечността. Хората имат ограничени познания, затова считаме, че трябва да има начало за всичко. Ето защо, Бог използва думата „начало", но това е само, за да Го разберем по-добре.

Йоан 1:1 гласи: *„В началото бе Словото; и Словото беше у Бога; и Словото бе Бог."* И Битие 1:1 гласи: *„В начало Бог създаде небето и земята."*

Бог създал хората, когато създавал небесата, земята и всички неща в тях и по този начин „началото" в книгата Битие установява връзката с хората. От друга страна, началото, споменато в Йоан, глава 1 е момент във времето много преди времето на творението. Освен това, не е свързано с хората.

В началото Бог съществувал в пространство, което е духовно царство, невидимо за нашите очи. Бог съществувал като красива и ярка светлина и управлявал всичко, носейки се във всички пространства на вселената. Бог има хуманност, както и божественост и поради тази причина Той планирал човешката култивация, за да получи истински деца и да започне да съществува като Триединство: Бащата, Синът и Светият дух.

Това бил моментът, в който Бог започнал да има образ. Битие 1:26 гласи: *„И Бог каза: Да създадем човека по Нашия образ, по Наше подобие."*

Разбира се, това не е физическа форма като тази при хората. Това бил духовен образ, за да въплъти Бога, който е дух. Ангелите, небесната армия или херувимите, всички те са духовни същества, но имат съответни форми. Бог в началото нямал специална форма, но в определен момент добил конкретна форма.

Триединният Бог създал форма за нас хората и когато създал Земята, която е сцената, за човешката култивация, Той слязъл долу на тази Земя. Той търсил от какво ще се нуждае Земята в бъдеще и как ще направи тези неща. Тогава започнал действителното творение на всички неща.

Човек е създаден по подобие на Бога

Триединният Бог създал хората по Свое подобие на шестия ден на Творението. Това не означава, че само външният вид на хората наподобявал Божия образ. Това означава също, че нашите сърца били създадени по подобие на Божието сърце.

След неподчинението на Адам, хората загубили първоначалния образ, който получили, когато били създадени и все повече се опетнявали с грехове. Това, че Адам загубил Божия образ, не означава, че изчезнал външният образ, а че загубил Божията природа, която е свещен аромат. Хората са изградени от дух, душа и тяло, но в резултат на греха, духът на всички хора „умрял." От този момент нататък, те не били по-различни от животните, които били създадени само с душа и тяло.

Когато часът настъпил, Бог изпратил Исус на тази земя, за да открие пътя за спасението, за да може всички да бъдат спасени. Бог дава Светия дух като подарък на всеки, който приеме Исус Христос. Мъртвият му дух тогава ще се съживи и ще може да възстанови загубения образ на Бога. Свещеният Бог иска децата Му също да бъдат святи и затова ни призовава с думите: *„Бъдете свети, понеже Аз съм свет"* (1 Петрово 1:16).

Бог не гледа външния вид, а сърцето на всеки човек. Ще станем истински Божий деца ако се противопоставяме и отхвърляме греховете с цената на кръвта и отстраним всички форми на злото. Ще възстановим загубения образ на Бога и ще излъчваме силни светлини от нашата духовна форма според степента, в която приличаме на Бога, който е Светлина.

1 Йоаново 5:18 гласи: *„Знаем, че всеки роден от Бога не съгрешава; но оня, който се е родил от Бога, пази себе си, и лукавият не се докосва до него."* Бог защитава онези, които спазват Божието слово и не съгрешават. Врагът-дявол

и Сатаната не могат дори да ги доближат заради ярката им светлина.

Целта на Бог, когато създал света и хората, била да получи истински деца, които имат Божия образ, но почти всички хора от времето на творението, не са култивирали образа на Бога. След Адам се родили безкраен брой хора, но малцина от тях действително култивирали вида сърце, какъвто Бог искал да имат. Такива хора вървяли с Бога и разкрили величието Му в живота си. Те изпълнили мощни дела, които били извън възможностите на човешкото въображение. Илия предизвикал огън от Небето; Авраам почти принесъл своя единствен син Исаак като жертвоприношение; апостол Павел бил предан с целия си живот и цялата си любов. Бог бил много радостен, когато виждал такива хора.

От друга страна, дори сред онези, които били използвани за Божието царство, някои хора не могли в действителност да бъдат считани за „истински хора на Бога." Например, в случая с Илия, той научил всичко от него и получил двойно повече от неговото вдъхновение. Въпреки това, сърцето му не било толкова съвършено като това на Илия (4 Царе 2:24). Той проклел децата, когато го следвали и му се подигравали недопустимо. Появили се две женски мечки и разкъсали четиридесет и две деца.

Лот също видял добрината на Авраам, но не бил в състояние да култивира неговото добро сърце. Той получил материални благословии благодарение на Авраам, който спасил живота му в опасна ситуация. Въпреки това, не успял да култивира съвършено сърце.

Разбира се, Илия направил множество удивителни неща и хората казали, че бил човек на Бога. Хората го уважавали като пророк. Истинският човек на Бога не е просто някой, който може да бъде използван от Него, за да послужи за целите Му в момента. Това е човек, който е възстановил Божия образ, има свято и чисто сърце, което е праведно и непорочно.

Не можем да видим пряко лицето на Бога

След прегрешението на Адам, никой в първото небе не бил способен директно да види лицето на Бога, който е светлина. Бог е дух и не можем да Го видим с физически очи. Освен това, Изход 33:20 гласи: *"Рече още: Не можеш видя лицето Ми; защото човек не може да Ме види и да остане жив."*

Илия бил издигнат в Небето без да види смъртта и въпреки това не бил в състояние пряко да види Бога. 3 Царе 19:12-13 гласи: *"И подир земетръса огън, но Господ не бе в огъня; а подир огъня тих и тънък глас. И Илия, като го чу, покри лицето си с кожуха си, излезе и застана при входа на пещерата. И, ето, глас дойде към него, който рече: Що правиш тук, Илие?"* Илия покрил лицето си с кожуха при най-слабия звук от Бога.

Съдии 13:22 гласи също: *"И Маное каза на жена си:*

Непременно ще умрем, защото видяхме Бога." Маное е бащата на Самсон. Исая казал: *„Тогава рекох: Горко ми, защото загинах; понеже съм човек с нечисти устни, и живея между люде с нечисти устни, понеже очите ми видяха Царя, Господа на Силите"* (Исая 6:5).

Хората били убивани, когато осквернявали място или предмет, отделен за Бога. Такъв бил случаят с хората от Бейт Шемеш, които били убити, защото погледнали в ковчега на Господ (4 Царе 6:19).

Хората умират ако видят пряко лицето на Бога, затова Той се разкрил непряко. Той разкрил Себе Си в пламъка, в пожара или в облаците. Понякога показал Себе Си с чудеса като разделянето на Червено море и спирането на слънцето и луната; или в знамения като изправянето на куците, проглеждането на слепите, връщането на слуха на глухите, проговарянето на немите или съживяването на мъртвите.

Бог показал също Своя образ чрез Господ Исус, както е записано в Колосяни 1:15: *„В Него, Който е образ на невидимия Бог, първороден преди всяко създание"*; Йоан 1:18 гласи: *„Никой, кога да е, не е видял Бога; Единородният Син, който е в лоното на Отца, Той Го изяви."* И в Йоан 14:9 Исус казал: *„Който е видял Мене, видял е Отца; как казваш ти: Покажи ми Отца?"*

Много хора в днешно време казват, че вярват в Бога, но не знаят наистина кой е Той и не разбират Неговото сърце и воля. Те си представят какъв е Бог според собствените си виждания. Това е като жабата в кладенеца, която мисли, че малката видима част от небето е цялото небе. По подобен начин, хората не са способни да споделят истинска любов с Бащата Бог и се учудват, когато видят онези, които са обичани от Бога.

Исус показал образа на Бога

Защо Исус казал в Йоан 14:9: *„Който е видял Мене, видял е Отца."* Исус е в Бащата Бог и Бог е в Исус и така те са едно цяло. Поради тази причина, думите, които Исус казал, не били негови собствени, а отдадени от Бащата Бог.

В Йоан 12:49-50 Той казал: *„Защото Аз от Себе Си не говорих; но Отец, Който Ме прати, Той Ми даде заповед, какво да кажа и що да говоря. И зная, че онова, което Той заповядва, е вечен живот. И тъй, това, което говоря, говоря го така, както Ми е казал Отец."* И в Матей 15:30-31: *„И дойдоха при Него големи множества, които имаха със себе си куци, слепи, неми, недъгави и много други, и сложиха ги пред нозете Му; и Той ги изцели; така щото народът се чудеше, като гледаше неми да говорят, недъгави оздравели, куци да ходят, и слепи да гледат. И прославиха Израилевия Бог."*

Бог показал, че е всемогъщ чрез знамения, чудеса и изключителни и чудни неща, когато Исус свидетелствал на Бащата с думи. Хората, които вярвали и следвали Исус, видяли Божията сила и възхвалявали Бога. Хората, които не вярвали в Исус, Го напуснали и се пръснали. Те не вярвали на Исус, въпреки че били свидетели на чудните дела на Бога, само защото онези неща не съответствали на собствените им теории и познания.

Исус доброволно поел по злочестия път на кръста, за да изпълни провидението за спасението, защото бил едно цяло с Бащата Бог. Той имал едно сърце с Бога, който искал да спаси човечеството, грешниците, въпреки че пътят бил осеян със страдания. Той бил на едно мнение с Бога, че трябвало да стане изкупителна жертва. Поради тази причина поел пътя без никаква неохота, въпреки че бил много стръмен и труден път, за да бъде поет според човешкия начин на мислене.

Защо не трябва да правим образ на Бога?

В Изход, глава 3, Бог повикал Моисей от пламъка на огъня в храста на планината Хорев. Казал му да поведе синовете на Израел, които страдали в Египет, към обещаната Ханаанска земя. Каква била причината Бог да се появи в пламъка на храста?

Очевидно храстите ще изгорят ако се запалят. Било нещо необичайно храстите да не изгорят в огъня и пламъците да не угаснат. Бог искал да покаже на Моисей, че имало духовен, безсмъртен свят.

Също така, считало се, че храстите символизирали „проклятието" и по този начин, Божиите пратеници, които се появили в пламъците на огъня, означават, че Бог е този, който контролира дори проклънатия храст. В духовен смисъл това означава, че врагът дявол и Сатаната са под контрола на Бога. Моисей станал човек, който отговарял на изискванията според Бога след четиридесет години изпитания и накрая Бог го повикал, за да го направи водач на Израел.

Въпреки това, синовете на Израел чули гласа на Бога, но видяли образа Му, когато разкрил Себе Си в пламъците на планината Хорев. Бог отново им напомнил за този факт по-късно и строго им забранил да правят някакъв образ. *„Прочее, внимавайте добре на себе си, (защото в деня, когато Господ ви говори на Хорив изсред огъня вие не видяхте никакъв образ), да не би да се развратите и си направите идол, подобие на някой образ, подобие на мъж или на жена, подобие на някое животно, което е на земята, подобие на някоя крилата птица, която лети на небето, подобие на нещо, което пълзи по земята, подобие на някоя риба, която е във водите под земята; и да не би, като подигаш очи към небето, и видиш слънцето и луната, звездите и цялото небесно множество, да се мамиш, та да им се кланяш и да служиш на тях, които Господ твоят Бог разпредели на всичките народи под цялото небе"* (Второзаконие 4:15-19).

Защо Бог казал това? Хората били създадени с определена форма и затова са склонни да придават форма на Бога. Бог се страхувал, че по този начин ще ограничат Божията природа до рамките на определен образ. Божието изображение няма да им помогне да Го разберат по-добре, но ще им попречи да видят истинския образ на Бога, измамени от „фалшивия" образ. Това от своя страна може да ги накара да почитат фалшиви идоли, което е едно от нещата, които Бог мрази най-много.

Бог е дух. Как тогава можем да изградим Негово изображение и да Го представим? Ето защо, когато Моисей помолил Бога да му се покаже, Той обещал да покаже всички изображения на добрина, вместо действителния, материален образ.

Така, както водата замръзва, за да стане лед или кипва, за да стане пара, Бог може да покаже Себе Си в различни форми, които имат една природа. По този начин Той помага на хората да Го разберат по-добре, защото е дух и хората имат своите физически ограничения.

Размерът на Божията форма

Много части в Библията имат някои изрази за частите на Божието тяло като: *„Вашите очи"* (1 Царе 8:29), *„уши"* (Неемия 1:6) и *„ръце"* (Исая 65:2). Имат ли тези изрази само символични значения? Не е така.

Бог не съществува като безформена празнота. Той има определена форма, което означава, че е ясно вещество. Въпреки това, Той е различен от хората, защото има форма, която е дух без физическо тяло, докато хората имат дух, душа и тяло. Бог е под формата на ярки светлини и не можем директно да Го видим. Освен това, Той е напълно различен от хората в смисъл, че Адам първо имал форма и след това се изпълнил с истината, докато Бог бил самата истина и тогава получил форма.

Някои хора мислят, че Бог съществува в много голямо тяло, защото Той е Създателят, който създал всички неща във вселената и властва над тях. Разбира се, Той има голяма форма, но може свободно да я промени. Следователно, няма да разберем каква форма има ако разсъждаваме с човешкия начин на мислене.

Дори и след като отидем на Небето, ние сме напълно различни от Бога. Хората ще имат духовните тела, които преминали през човешката култивация във физически тела на тази земя. Бог може да има форма или да излезе от настоящата форма. Хората ще бъдат ограничени в определена форма, която никога няма да се промени на Небето. По подобен начин можем да направим всякаква форма от гипс, но след като я завършим, не можем да я превърнем в първоначалното вещество.

Бог може да съществува само като светлина, без да има форма или Той може също да придобие форма. На четвъртото небе, Бог обикновено няма форма и съществува само като светлина и глас. Въпреки това, Той придобива форма, когато е с пророците или когато слиза на Третото небесно царство. Придобива форма, когато се намира на място, където трябва да има форма и няма форма, когато не се налага. Може дори свободно да контролира размера на формата Си.

Например, на Четвъртото небе веществата не са постоянно твърди, течни или под форма на газ. Същото вещество може да променя свободно формата си, когато Бог го пази в сърцето Си. Ето защо, Бог първоначално съществувал като светлина и звук, които нямали форма, но когато слиза долу на Третото небе, Той може да придобие специфична форма.

Първият човек Адам бил направен по подобие на този образ на Бога в Третото небе и това е също образът, който ще видим, когато отидем на небето. Въпреки това, дори и да има същата форма, Той изглежда различно, когато се намира на Четвъртото или на Третото небе, защото светлината, славата, достойнството и всички неща изглеждат различно в различните измерения.

Например, дори едно и също парче кристал ще изглежда различно според вида на светлината и според мястото, където се намира. По подобен начин, величието и формата на първоначалния Бог на Четвъртото небе изглеждат различно в пространство, което е от по-ниско измерение. Дори и в същото духовно царство, формите изглеждат различно според различното измерение и различията ще бъдат много повече ако Бог слезе долу на Първото небе, физическото пространство.

Освен това, напълно различно е да видим Бога от този физически свят чрез отворената врата на духовното царство и да видим Бога, който е слязъл на тази земя, където е поставил ограничено физическо пространство. Пророците или ангелите не могат да поставят ограничено физическо пространство, затова дори и да се появят във физическото пространство, те все още се намират в пространството на духа. Бог може да постави всякакво пространство, което таи в сърцето Си, защото е Създателят, който направил всички видове пространства. Той е способен да се появи във физическото пространство докато все още се намира в духовното и Той може също да се появи във физическа форма, която е видима за хората.

Бог се появява през духовни врати

На много места в Библията е записано как самият Бог слиза долу на тази земя в процеса на човешката култивация. Как слязъл Бог на тази земя?

Както Битие 11:5 гласи: *„А Господ слезе да види града и кулата, които градяха човеците."* Сам Бог слязъл на тази земя, за да види какво правили хората. Той слязъл също, за да види Моисей, както е записано в Изход 19:18: *„А Синайската планина беше цяла в дим, защото Господ слезе в огън на нея; и димът и се дигаше, като дим от пещ, и цялата планина се тресеше силно."* и в Числа 11:25: *„Тогава Господ слезе в облака и говори с него, и като взе от духа, който беше на него, тури го на седемдесетте старейшини; и като застана на тях духът, пророкуваха, но не повториха."*

Бог не се влияе от промените в потока на времето.

Всички физически и духовни пространства Му принадлежат. Въпреки това, остава фактът, че Той все още използвал духовна врата, за да слезе долу на земята. Не трябвало да преминава през духовната врата, но направил така, за да не нарушава правилата на справедливостта.

Хората на плътта по онова време не виждали Бога, въпреки че бил там. Хората с отворени духовни очи и хората, които общували с Бога, могли да Го видят според степента, в която добили дух. Разбира се, това не означава да видят Бога лице в лице, но били способни да Го видят и да Го почувстват в границите на позволеното от Бога.

Изход 33:11 гласи: *„И Господ говореше на Моисея лице с лице, както човек говори с приятеля си";* Това не означава, че Моисей видял директно лицето на Бога. Това означава, че Бог представил Себе Си на Моисей по специален начин, така, че да не умре, дори и да види величието Му, защото Моисей бил по-мек и по-скромен от всички други на лицето на тази земя и той бил предан в целия дом на Бога.

Изход 33:18-19 гласи: *„Тогава рече Моисей: Покажи ми, моля, славата Си. А Господ му каза: Аз ще сторя да мине пред тебе всичката Моя благост, и ще прогласа пред тебе Името Иеова; и ще покажа милост към когото ще покажа, и ще пожаля когото ще пожаля."*

В Изход 33:23 разбираме, че Моисей не видял лицето на Бога, а гърба Му. Той бил по-скромен и смирен от всички хора на земята и предан в целия дом на Бога и въпреки това не бил способен да види Божия образ пряко, защото бил ограничен от възможностите на физическото тяло.

Бог се явил на Авраам

В Битие глава 18 четем, че Авраам служил по най-добрия начин на трима души. Това бил случаят, когато Бог Светият дух и двама архангели се появили с човешка форма. Бог Светият дух е едно с Бащата Бог и може да се появи в човешка форма, когато е поставил физическото пространство, което таи в сърцето Си.

Как могли двамата архангели да се появят в човешка форма? Те не могат сами да поставят физическо пространство, но това станало възможно възможно, защото били с Бог Светия дух в Неговото пространство. Въпреки това, Бог Светият дух и двамата архангели, които се явили в човешка форма, не били същите като хората. Те просто се явили с човешка форма, която наложили върху духовната, за да не може духовната им форма да бъде видяна във физическото пространство.

Тримата от тях, а именно Бог Светият дух и двамата архангели яли от храната, която Авраам им сложил (Битие 18:8), но храненето им било различно от храненето на хората. Те не дъвчат и не храносмилат храната, а веднага след като я погълнат, тя просто изчезва във въздуха. По подобен начин възкръсналият Господ ял малко храна, която се разтворила и била отстранена с дишането. Разбира се, поставянето на физическото пространство за момент, не било същото като да бъдеш във възкръснало тяло. Възкръсналото тяло е физическо тяло на тази земя, което се променило в духовно тяло, но тримата души по онова време съществували за момент в тялото, което било подходящо за физическото пространство.

Бог Светият дух слязъл долу на тази земя с двама архангели и сложил физическото пространство, за да види лично Содом и Гомор. Разбира се, Той бил способен да слезе като дух, за да направи това, но имал причина да отиде на земята и да ги види лично.

Двамата архангели се появили в човешка форма и затова проверили с точност колко опорочени били хората, които видяли красотата им и искали да им причинят зло. Бог Светият дух и двамата архангели изпитали директно злината на хората в Содом и Гомор, защото застанали с истинска човешка форма пред тях.

Битие 18:13 гласи: *„А Господ рече на Авраама."* От това можем да заключим, че този, който се появил пред Авраам бил самият Господ Бог. Въпреки това, Той казал, че видял трима души и така разбираме начина, по който Бог се явил на Авраам.

Имало няколко начина, по които Бог да се яви на Авраам: да се яви в съня му, като видение или просто да Му представи гласа Си. Това били начините, които открили духовното пространство пред Авраам, който се намирал във физическото пространство, за да види и да почувства Бога. В тези случаи, човек може да види Бога и да чуе гласа Му само когато духовните му очи и уши са отворени. Човек никога няма да види какво става в духа, дори и Бог да е с него, ако духовните му очи не са отворени.

Случаят бил съвсем различен, когато Бог се явил заедно с двама архангели. Това не било просто отваряне на духовното пространство във физическото пространство, за да бъде видим. Това бил случай, когато Той действително излязъл във физическото пространство. Макар и в ограничена степен, Той добил физическа форма и излязъл във физическото пространство.

Ако първото е сякаш гледаме изображението на Бога по телевизията, последното е сякаш Бог е излязъл от телевизора. Ако Бог излиза във физическото пространство с ограничената физическа форма, хората могат да Го видят, дори и духовните им очи да не са отворени и в този случай Бог може да бъде видян като човешко същество.

Господ под формата на силен блясък

Какъв е външният вид на Сина Бог? Понякога хората казват, че са сънували или са имали видение с Господ. Повечето от тях видяли, че бил изпълнен с милосърдие и с любов. Това е, защото отстранил светлината от Себе Си и видът Му бил изпълнен с милосърдие. Никой няма да се осмели да Го погледне директно ако покаже Своята божествена власт и величие, които са на същото равнище като тези на Създателя Бог.

Това е причината, заради която не можем да видим Господ на Небето, освен ако не търсим мир и освещение за всички хора (Евреи 12:14). Светлината на Господ е прекалено силна. Само онези, които придобият дух и постигнат съвършен дух ще бъдат способни да видят Господ, защото светлината на собственото им духовно тяло също ще бъде силна.

Апостол Йоан видял вида на Господ в своето видение. Той описал подробно очите, краката и косата на Господ. Можем да си представим външния вид на Бащата Бог от описанието на външния вид на Господ.

Откровение 1:14-15 гласи: *„А главата и косата Му бяха бели като бяла вълна, като сняг, и очите Му, като огнен пламък; и нозете Му приличаха на лъскава мед, като в пещ пречистена: а гласът Му беше като на много води."*

Написано е, че косата на Господ била бяла като бяла вълна и това означава, че Той е свободен от зло и изпълнен със съвършена доброта. Написано е, че очите Му са като огнен пламък, но това не означава, че очите Му са страшни. Това означава, че те осветяват околната среда и карат другите да изпитват топлина. Това означава също, че изгарят всички грехове и злини. Никой няма да се скрие от очите на Господ и всичко ще бъде разкрито за Него. Написано е, че краката Му са като лъскава мед. Колкото повече ги пречиствате, толкова по-чист ще бъде бронзът. Много често в литературата очите на една красива жена се сравняват с блестящи звезди, а устните й с череши. По подобен начин, Йоан сравнил нозете на Господ с лъскава мед. Краката са онези части на тялото, които хората считат за най-мръсни и Йоан написал, че дори нозете на Господ били святи и величествени.

Откровение 1:16-17 също гласи: *„И имаше в десницата Си седем звезди; и от устата му излизаше меч остър и от двете страни; и лицето Му светеше, както свети слънцето в силата си. И когато Го видях, паднах при нозете Му като мъртъв; а Той тури десницата Си върху мене и каза: Не бой се, Аз съм първият и последният и живият."*

Апостол Йоан бил свят и праведен човек, достоен да получи Откровението от Бога, но той бил като мъртъв човек пред Господ. Господ поставил дясната Си ръка върху Йоан и му казал да не се страхува. Това означава, че Господ му възложил да напише книгата Откровение, която щяла да събуди много хора в края на времената като постави ръката Си. Също така, Господ успокоил Йоан, за да изпълни спокойно задължението си.

Божият образ в очите на апостол Йоан

Апостол Йоан видял трона на Бога и нещата около него и писал за тях в Откровение, глава 4. Той видял събитие, което щяло да се случи много дълго време след като го записал. Както в този случай, с Божието разрешение можем да бъдем на всяко място и във всеки момент от времето, независимо дали от миналото или от бъдещето, преминавайки границите на времето и пространството. Ще видим Небето и Ада, времето преди Творението и също Съда на Великия бял Трон, който ще се случи в бъдещето.

В случая с апостол Йоан, духът му бил отделен, за да види духовното царство. Тук отделението на духа означава излизането на духа от тялото на човека. Човек може да види също духовното царство чрез видение, но във видението се разкриват само отделни части. Поради тази причина, когато Бог иска да ни покаже по-широка картина, Той действа чрез отделянето на духа. Как успял апостол Йоан да види Бог и Неговия трон?

Преминал през много изпитания и преследвания в името на Господ до деветдесет-годишна възраст. Захвърлили го в съд с врящо масло, но не умрял, благодарение на Божието дело. Накрая бил изпратен на заточение на остров Патмос и получил Откровение от Бога докато се молил ревностно на острова. По онова време вече бил напълно осветен чрез дълбоки молитви и много изпитания, през които преминал. Получил Откровение в състояние на святост и затова духът му можел да стигне високо до Божия трон.

В Откровение 4:3 той описва Божия трон по следния начин:

> *„И седналият приличаше на камък яспис и сардис; имаше около престола и дъга, на глед като смарагд."*

В специалното Божие провидение Йоан видял Бога и трона Му, но не успял да види добре лицето Му, защото излъчвало прекалено силна светлина. Така, както не можем да гледаме към блестящото слънце заради силната му светлина, не можем да видим образа на Бога, който е Светлина, когато сме изпълнени с духовна тъмнина. За да видим Божия образ, трябва да отхвърлим злото и да притежаваме Божието сърце, за да станем съвършена светлина. Само онези, които влизат в Третото небесно царство или по-нагоре, могат да видят Божия образ.

Духът на Йоан се издигнал до Божия трон, но не видял действителната форма на Божието лице и сравнил Бог с яспис и сардий на външен вид.

„Като яспис" означава, че Бог излъчвал различни видове светлини. Ясписът ще отрази светлината с много красиви проблясъци и по същия начин Бог излъчва множество различни видове светлини. Ясписът означава също „чистота, непорочност, честност и праведност." Апостол Йоан описал Бога, сравнявайки Го със скъпоценен камък, който хората считат за ценен на тази земя.

„Като сардий" символизира, че Бог е светъл и блестящ и Той е красив като огнен пламък. Сардият, който има червеникав цвят, съдържа светлината на Светия дух, който е в Бог. Бащата Бог и Бог Светият дух са едно и светлината, която съдържа Светият дух, се намира също в Бащата Бог. Следователно, цветовете на ясписа и на сардия се съдържат еднакво в цялото Триединство.

„Дъгата" символизира обещанието (Битие 9:12-13). Бог показал дъга като знамение за Неговото обещание, че никога няма да накаже човечеството с вода след наводнението на Ной. Йоан сравнява със смарагд формата на дъгата, която обгражда Божия трон и светлините, които излъчва. Той сравнил цветовете и светлините на дъгата със смарагда в границите на своето познание.

Смарагдът символизира Божията твърдост, смелост и сила. На лазерно представление виждаме различни светлини, които се излъчват в определени моменти. Разноцветни светлини се появяват по отделно или се смесват заедно, за да създадат по-великолепна сцена. Всеки ще приеме светлината по различен начин, когато гледа тези представления. Някои хора се съсредоточават върху няколко специални цветове, докато други се опитват да обяснят смесените цветове с пример.

Апостол Йоан също видял светлината, която се излъчвала от Бога, Божият трон и светлините на различни цветове около дъгата и ги описал, сравнявайки ги със скъпоценни камъни. Трудно е да се изрази красотата на Небето с примери на земни предмети. Следователно, не трябва просто да мислим, че светлините, които се излъчват от Бога и трона Му са като няколко скъпоценни камъка, а да се опитаме да почувстваме красотата на тези цветни светлини с вдъхновението на Светия дух.

Участие в Божествена природа

На Четвъртото небе Бог съществува като светлина, съдържаща благозвучен глас. Това място е с най-силната светлина и най-красивите цветове, които са несравними. Загадъчността и яснотата на светлините на първоначалния Бог изпълва цялото пространство. Те не могат да се сравнят с нищо на тази земя на никакъв човешки език. Човек може да види загадъчните светлини на Бога и да почувства широтата на сърцето му ако отиде в това пространство. Само няколко избрани хора, които са култивирали същото пространство и измерение на сърцето като това на Бога, могат да отидат в това пространство с Божието разрешение. Духът на човека ще се разпръсне и ще изчезне ако влезе там без да отговаря на изискванията.

Добиваме едно сърце с Бога ако влезем в измерението на съвършена светлина като деца на Светлината. След това нещата ще бъдат направени, когато ги пазим в сърцата си и представим неописуемата сила на Бога. За да постигнем това, трябва да възстановим загубения образ на Бога и да имаме Божието сърце. Можем да общуваме с Бога според степента, в която отхвърлим всички форми на зло и постигнем съвършен дух, за да станем съвършена светлина. След като постигнем това състояние, ще получим всичко, което желаем в молитвите ни и ще заемем висока позиция в небесното царство.

Ще бъдем способни да използваме Божието пространство

извън границите на човешките възможности и ще видим Божия образ според степента, в която достигаме святост и наподобяваме сърцето на Бога. Моисей видял Божия образ, защото бил най-кроткият от всички хора на лицето на земята и бил предан в целия дом на Бога. Авраам видял Бога, който слязъл на тази земя във физическа форма, защото бил много близо до съвършената светлина.

Бог създал плана за човешката култивация, за да получи истински деца и ни изпълнил с всичко, принадлежащо на живота и вярата със Своята загадъчна молитва. Следователно, трябва да се опитаме да бъдем полезни и плодотворни в истинското познание на нашия Господ Исус Христос. Можем да отговорим твърдо на повикването и избирането на Бога, когато сме морално съвършени с вярата ни и в нашето морално съвършенство, имаме знание и в нашето знание имаме самоконтрол и в нашия самоконтрол – постоянство и в нашето постоянство – вяра и в нашата вяра – братска добронамереност и в нашата братска добронамереност – любов.

2 Петрово 1:3-4 гласи: *„ ...Понеже Неговата божествена сила ни е подарила всичко що е потребно за живота и за благочестието, чрез познаването на Този, Който ни е призовал чрез Своята слава и сила; чрез които се подариха скъпоценните нам и твърде големи обещания, за да станете чрез тях участници на божественото естество, като сте избягали от произлязлото от страстите разтление в света."*

За да участваме в Божествената природа трябва да постигнем съвършена светлина, която е достатъчно добра, за да бъде абсорбирана от светлината на Бога. По този начин можем да отговаряме на изискванията да влезем в Божието пространство. Ще участваме в божествената природа ако постигнем светлината, която е подобна на съвършената светлина на Бога и отидем в пространството, където обитава първоначалният Бог. Какво трябва да направим, за да участваме в божествената природа?

Първо, трябва да култивираме съвършено сърце на духа.

Трябва да станем едно с Бога, който е дух и така трябва да култивираме съвършено сърце на духа. Не можем да участваме в божествената природа ако имаме някаква форма на зло, плътски мисли или нашия собствен начин на мислене. Трябва да отхвърлим всички форми на злото (1 Солунци 5:22) и всички плътски мисли (Римляни 8:6), за да имаме сърце на духа.

Да имаме сърце на духа означава да имаме напълно духовно, истинско и искрено сърце, което Бог желае да имаме. Само когато имаме такова сърце, можем да разберем какво желаят наистина Бог, Господ и Светият дух. Исус дошъл на тази земя и изпитал глад, скръб, умора и болка. Той спазвал Божието слово и изпълнил Закона с любов.

Продължил да спазва Божията воля, въпреки че изпитал

толкова много болка със Своето човешко тяло. Не спорил и не повишавал глас, а изпълнил Божията воля изцяло като се пожертвал. Следователно, не трябва да се извиняваме с твърдението, че човешките същества са слаби. Трябва да участваме в божествената природа като отхвърлим всички форми на злото, като имаме набожни дела и набожно сърце.

Какво сърце имате вие? Обясних на какви условия трябва да отговаряме, за да влезем в пространството на светлината и с тях можем да проверим себе си. Трябва да проверим в каква степен сме отхвърлили дела на плътта и злото; до каква степен сме култивирали вида добрина, която желае Бога, колко обичаме Бога от сърце, дали излъчваме аромат на добрина и в каква степен получаваме деветте плода на Светия дух и плодовете на Блаженствата.

Имаме сърце на духа, близо сме до светлината на Господ и в същата степен участваме в божествената природа ако живеем в мир с всички хора. Имаме съвършено сърце на духа, само когато получаваме плодовете на Светия дух, духовната любов в 1 Коринтяни 13, плодовете на блаженствата и плодовете на Светлината и не само 50% или 60%, а 100%.

Второ, трябва да се молим с вдъхновението на Светия дух.

Бог не иска молитвата да е направена по задължение, а да се молим ревностно, за да култивираме Неговото сърце. Хората могат да се молят еднакво дълго, но ароматът на сърцето е различен за всеки човек. За някои хора е достатъчен фактът, че са извършили необходимия брой молитви за деня, докато други дори не осъзнават кога минава времето и изпитват щастие, догато се молят на Бога, за да се променят с любовта си към Него.

Трябва да покажем дела на духовното царство в този физически свят като получим сила и мощ от Бога, който обитава в духовното пространство. Следователно, молитвите ни не трябва да бъдат отправени само по задължение. Бог иска да се молим от все сърце, защото Го обичаме.

Трябва да предложим духовни молитви, които могат да проникнат във физическото пространство и да открият пространството на духа, за да получим сила от Бога. Това означава да не се молим, както считаме за добре или докато сме разтревожени със случайни мисли, защото такива молитви не могат да проникнат във физическото пространство и ще бъдат напразни. Бог няма да се трогне от такива мисли. Как ще се чувствате като родители ако вашите деца упорито искат да им дадете само това, което желаят от алчност? Сигурно ще сте разочаровани.

1 Коринтяни 2:10 гласи: *„А на нас Бог откри това чрез Духа; понеже Духът издирва всичко, даже и Божиите дълбочини."* Трябва да се молим с вдъхновението на Светия дух, който е в сърцата ни. Тогава ще можем да се молим за нещата, които са правилни според Божията воля и ще разберем какво да правим. Ще бъдем способни да отворим

вратата на духовното пространство и да общуваме с Бога, който е в духовно измерение, защото ще бъдем обединени със Светия дух в нас.

Трето, трябва да обичаме и да приемаме всички с добродетелна щедрост.

Сърцето на духа, което наподобява сърцето на Бога вече съдържа любов и щедрост, но отново подчертавам значението на любовта и щедростта. Трябва да можем да обичаме всички около нас, защото обичаме Бога и трябва да имаме широко сърце и щедрост, за да можем да приемем всички. Трябва да сме изпълнени с любов и щедрост и да се грижим за всички около нас, които имат трудности или са изморени. Божието сърце е неизмеримо широко, но Той е толкова деликатен и внимателен, че се грижи за сираци и вдовици и за ситуациите на пренебрегнатите.

Да участваме в божествената природа означава да обръщаме внимание дори на дребните неща с любов и да обсипваме другите с щедростта ни. Трябва да сме съзнателни и да се променим според Божието слово, за да участваме в божествената природа.

Както вече обясних, ще отидем в пространството на светлината и в Божието пространство, когато имаме сърце, изпълнено със светлина и участваме в божествената природа. Ако отидем в Божието пространство, ще видим специалната светлина в него. Ще почувстваме също голямото и широко сърце на Бога. Освен това, въпреки, че нашето физическо тяло се намира във физическото пространство, ще използваме Божието пространство, което притежаваме в сърцата си, за да представим удивителни неща, които хората не могат да разберат.

1 Йоаново 1:5 гласи: *„И известието, което чухме от Него и възвестяваме на вас, е това, че Бог е светлина, и в Него няма никаква тъмнина."* Имаме едно сърце с Бога, ще се изпълни всичко, което пазим в сърцето си и ще представим голяма сила, която хората не могат да си представят, ако обитаваме в съвършената Божия светлина.

Моля се в името на Господ всички вие да отговаряте на изискванията, за да се радвате на тази земя на всички благословии, които получил Авраам и да отидете на най-величественото място на Небето, вечното пространство на светлината.

Авторът:
Д-р Джейрок Лий

Д-р Джейрок Лий е роден в Муан, провинция Джионам, република Корея, през 1943 година. На двадесет години д-р Лий започнал да страда от различни неизлечими болести в продължение на седем години и очаквал смъртта без надежда да оздравее. Въпреки това, един ден през пролетта на 1974 г. сестра му го завела на църква, където коленичил в молитва и живият Бог веднага го излекувал от всички болести.

От момента в който д-р Лий срещнал живия Бог чрез това прекрасно преживяване, започнал да Го обича от все сърце и през 1978 година бил призован да стане Божи служител. Молил се пламенно, за да разбере Божията воля и да спазва Божието слово. През 1982 г. основал Централната църква Манмин в Сеул, Южна Корея, където започнали да се извършват безброй Божии дела, включително чудотворни изцеления и чудеса.

През 1986 г. д-р Лий бил ръкоположен за пастор на годишната среща на Светата корейска църква на Исус, а четири години по-късно, през 1990 г., неговите проповеди започнали да се излъчват в Австралия, Русия, Филипините и много други страни чрез далекоизточната радиопредавателна компания, азиатската радиостанция и вашингтонското християнско радио.

Три години по-късно, през 1993 г. Централната църква Манмин била избрана от списание Християнски свят (САЩ) като една от 50-те водещи световни църкви и той получил титлата почетен доктор по богословие от Християнския колеж във Флорида, САЩ. През 1996 г. д-р Лий защитил докторат по християнско духовенство от Теологичната семинария Кингсуей, Айова, САЩ.

От 1993 г. д-р Лий ръководи световната мисия чрез множество международни мероприятия в Танзания, Аржентина, Лос Анжелес, град Балтимор, Хавай и Ню Йорк в САЩ, Уганда, Япония, Пакистан, Кения, Филипините, Хондурас, Индия, Русия, Германия, Перу, Демократична република Конго, Израел и Естония.

През 2002 г. е обявен за „Световен пастор" от най-важните християнски вестници в Корея за работата си в различни международни обединени мисии. Откроява се мисията му „Мисия

Ню Йорк 2006", проведена в Медисън Скуеър Гардън, най-известната световна сцена, която била излъчена в 220 страни и неговата „Обединена мисия Израел 2009", проведена в Международния Конгресен център в Ерусалим, където смело провъзгласил Исус Христос за Месия и Спасител. Неговата проповед е излъчена в 176 страни чрез сателитна връзка, включително GCN TV и е провъзгласен като един от първите 10 най-влиятелни християнски лидери на 2009 и 2010 г. от руското популярно християнско списание *In Victory* и новата агенция *Christian Telegraph* за мощните си проповеди, телевизионни излъчвания и международните църковни мисии.

От месец март, 2017 година паството на Централната църква Манмин наброява над 120 000 члена. Има 11 000 църковни клона в целия свят, включително 56 национални църковни клона и повече от 102 мисионери са изпратени в 23 страни, сред които САЩ, Русия, Германия, Канада, Япония, Китай, Франция, Индия, Кения и много други.

Към датата на настоящето издание Д-р Лий е написал 106 книги, включително бестселърите *Опитване на вечния живот преди смъртта, Моят живот Моята вяра I и II, Посланието на кръста, Мярката на вярата, Небето I и II и Божията сила*. Книгите му са преведени на повече от 76 езика.

Неговите статии за християнството са публикувани в следните издания: *The Hankook Ilbo, The JoongAng Daily, The Chosun Ilbo, The Dong-A Ilbo, The Seoul Shinmun, The Kyunghyang Shinmun, The Hankyoreh Shinmun, The Korea Economic Daily, The Korea Herald, The Shisa News* и *Християнската преса*.

Понастоящем Д-р Лий е ръководител на редица мисионерски организации и асоциации: председател на Обединената свята църква на Исус Христос, президент на Световната мисия на Манмин, постоянен президент на Световната християнска асоциация за изцелителни мисии, основател и председател на съвета на Глобалната християнска мрежа (GCN), основател и председател на съвета на Световната мрежа на християнските лекари (WCDN) и основател и председател на съвета на Международната семинария Манмин (MIS).

Други могъщи книги от същия автор

Небето I & II

Подробен разказ за великолепната среда, която обитават небесните жители и красиво описание на различните равнища на небесното царство.

Посланието на Кръста

Мощно пробуждащо послание за всички хора, които са духовно заспали. С тази книга ще разберете защо Христос е единственият Спасител и истинската любов на Бога.

Ад

Страстно послание до цялото човечество от Бога, който иска нито една душа да не попадне в ада! Ще откриете неописаната досега жестока реалност на Чистилището и Ада.

Дух, Душа и Тяло I

Ръководство за духовно разбиране на духа, душата и тялото, което ни помага да открием какъв вид „същност" сме изградили, за да добием силата да победим тъмнината и да станем хора на духа.

Мярката на Вярата

Какво място е подготвено за Вас и каква корона и награда ще получите на небето? Тази книга Ви дарява с мъдрост и ръководство, за да измерите вярата си и да постигнете най-добрата и зряла вяра.

Събуди се Израел

Защо Бог наблюдава Израел от началото на света до днешно време? Какво е Божието провидение за Израел в последните дни и кой очаква Месията?

Моят живот, Моята вяра I & II

Благоуханен духовен аромат, извлечен от живота, разцъфтял с несравнимата Божия любов сред тъмни вълни, тежък гнет и най-дълбоко отчаяние.

Божията сила

Задължително четиво, което служи като важно ръководство, с което човек да притежава истинска вяра и да изпита чудната сила на Бога.

www.urimbooks.com

www.ingramcontent.com/pod-product-compliance
Lightning Source LLC
LaVergne TN
LVHW012015060526
838201LV00061B/4321